© 1977 Arnoldo Mondadori Editore S.p.A., Milano
© 1978 (deutsche Ausgabe) Tessloff Verlag, Hamburg

Aus dem Italienischen von Werner Peterich

ISBN 3-7886-0853/6

Printed in Italy

Die Geschichte der Piraten

Vezio Melegari

Tessloff

Inhalt

Der Begriff „Piraterie" läßt sich nicht auf eine kurze Formel bringen.

Auf den ersten Blick handelt es sich ganz einfach um Verbrechen, die auf See begangen wurden. Wer aber die Jahrhunderte zurückliegenden Geschehnisse verfolgen will, findet nur wenige und oft unzuverlässige Dokumente (den Piraten selbst war verständlicherweise wenig daran gelegen, Zeugnisse ihrer Taten zu hinterlassen). Überdies weiß man aus der Seefahrtsgeschichte, daß die Piraterie oft eine Schule der Seefahrt gewesen ist. Mit anderen Worten: Große Flotten haben jene Länder, bei denen auch die Piraterie hochentwickelt und gut organisiert war. All das führte dazu, daß die Verbrechen der Piraten nur allzu oft verherrlicht wurden.

Dazu kommt noch der Unterschied zwischen Piraten und Freibeutern, der eigentlich keiner ist: Beide tun genau das gleiche, aber die letzteren haben die Genehmigung der Regierung in der Tasche und üben den Seeraub aus Kriegsgründen, nicht zu ihrer Bereicherung aus.

Wen wundert es da, daß Literatur, Film und Comics sich immer wieder mit Themen aus der Welt der Piraten befassen und von diesen tollkühnen Seefahrern ein heldenhaftes, romantisches, oft sympathisierendes Bild zeichnen. Da die Wahrheit wie so oft in der Mitte liegt, wird in diesem Buch der Versuch unternommen, der Geschichte treu zu bleiben, ohne auf Anschaulichkeit zu verzichten, und die Hauptfiguren eher nach der historischen Wahrheit als nach der Legende zu beurteilen.

Wichtigster Schauplatz der Seeräuberei waren im 16. und 17. Jahrhundert die Meere von Mittelamerika. Diese Karte gibt mit ihren ausgemalten Szenen am Kartenrand einen guten Eindruck von der Welt der Seeräuberei.

Mythen und Seeräuber

Oben: Athenische Schale aus dem 6. Jahrhundert v. Chr.: Dionysos verwandelte das Schiff der thyrrenischen Piraten in einen Weinstock und die Piraten selbst in Delphine.
Unten: Etruskisches Gefäß mit Szenen aus der Argonautensage.

Schon 2000 Jahre vor Christus gab es auf dem Mittelmeer neben der Handelsschiffahrt die Seeräuberei. Da es an Dokumenten und Zeugnissen fehlt, ist die geheimnisvolle Geschichte der Seeräuber umrankt von Mythen und Sagen, zu deren Verfassern Apollodor, Pausanias, Homer, Kallimachos, Pindar und andere, weniger bekannte, gehören. Vor allem vier Sagen ragen heraus: die Abenteuer des Dionysos, die Legende von der Insel Ägina, die Sage vom Goldenen Vlies und der Kampf um Troja.

Dionysos hatte die Götter des Olymps mit seinen Tollheiten und Ausschweifungen verärgert und wurde verjagt. Nun durchstreift er in Begleitung seines Lehrers Silenos und einer ausgelassenen Schar von Mänaden zu Lande und zur See die Küsten des Tyrrhenischen Meeres und der Ägäis. Jedes Abenteuer ist ihm recht. An Bord eines tyrrhenischen Schiffes, das ihn zur Insel Naxos bringen soll, stellt er zu seinem Schrecken fest, daß die Seeleute in Wahrheit Piraten sind. Als er erfährt, daß sie ihn und seine Gefährten in die Sklaverei verkaufen wollen, verwandelt Dionysos das Schiff in ein undurchdringliches Gestrüpp von Weinstöcken. An Mast und Segel hängen Trauben, aus den Rudern werden Schlangen. Die Piraten werden ins Meer geworfen und in Delphine verzaubert. So wird Dionysos zum ersten Piratenverfolger.

Nicht weniger habgierig als die tyrrhenischen Piraten waren die Seeräuber, die zu jener Zeit die Küsten der Insel Ägina heimsuchten, ein reiches Gold- und Silberland. Der Sagenkönig Aiakos aber ließ einen unüberwindbaren Ring aus riesigen Felsblöcken um die Insel legen, an denen die Schiffe der Piraten zerschellten.

In der Sage vom Goldenen Vlies und vom Zug der Argonauten sind eine Vielzahl von Piratentaten verwoben. Es wird berichtet, daß die Argonauten ausziehen, um in Kolchis am Schwarzen Meer das Goldene Vlies zu erobern. Wahrscheinlich aber ist das eine Umschreibung für eine ununterbrochene Folge von Raub- und Eroberungszügen am Pontus Euxinus – wie das Schwarze Meer in der Antike genannt wurde –, am Bosporus, auf den Ägäischen Inseln und an der Küste von Troas. Vor allem auf Troja haben es die Argonauten abgesehen, das am Eingang

Auf ihrer abenteuerlichen Seefahrt widmeten sich die Argonauten der Piraterie, wo immer sich eine Gelegenheit bot. Sie waren auf der Suche nach Gold, nach dem „Goldenen Vlies". Dabei hatten sie viele Schwierigkeiten und Irrfahrten zu bestehen. So mußten sie einmal ihr Schiff aufs Land ziehen und zwölf Tage auf ihren Schultern tragen.

zum Schwarzen Meer lag und die Schiffahrt in der Meerenge beherrschte. Auf dem Hinweg ziehen sie friedlich und ohne Aufsehen zu erregen an Troja vorüber. Auf dem Rückweg greifen sie überraschend an und verwüsten die Stadt. Die Geschichte Trojas ist eng verknüpft mit den Anfängen der Piratengeschichte. Schon der Raub der Helena, der den Trojanischen Krieg auslöste, ist nichts anderes als ein Piratenstück. Die Sage macht aus Paris einen verliebten romantischen Seeräuber, dem es wahrscheinlich nicht nur um die schöne Gattin des Menelaos, sondern um Gold und Schätze ging. In Sidon bekommen die Trojaner, was sie eigentlich bei Menelaos suchten: Sie nehmen die Stadt ein und rauben alles Gold, das sie finden können. Für die Griechen war der Raub der Helena nur ein Vorwand, um Troja den Krieg zu erklären und alte Feindseligkeiten auszutragen.

In der Frühzeit der Geschichte

Oben: Ägyptisches Flachrelief, auf dem ein Schiff der Flotte dargestellt ist, die Königin Hatschepsut nach dem Lande Punt sandte, wo die Ägypter Weihrauch und andere Erzeugnisse gegen ägyptische Waren tauschten (Punt lag vermutlich an der Küste Somalias).

Unten: Szene einer Land- und Seeschlacht zwischen Ägyptern und Philistern, einem kassitischen Piratenvolk. In der berühmten „Delta-Schlacht" besiegte Pharao Ramses III. die „Seevölker" dank der Überlegenheit seiner numidischen Bogenschützen.

Um 2700 v. Chr. werden die Küsten des östlichen Mittelmeeres von kassitischen Piraten heimgesucht. Diese „Seevölker" bedrohen auch das reiche Ägypten. Die Ägypter schlagen zurück und siegen. So werden aus den Ackerbau treibenden Ägyptern Seefahrer. Pharao Sahure unternimmt einen Beutezug, der bis an die Küsten Syriens führt. Die Ägypter plündern die syrischen Städte und kehren mit Beute und Sklaven beladen heim. Tausend Jahre später versuchen die kassitischen „Seevölker" ein zweites Mal, in Ägypten einzufallen. Diesmal greifen sie von zwei Seiten an: vom Meer aus dringen sie mit ihrer starken Flotte ins Nildelta vor, auf dem Landwege marschieren sie in Libyen ein und ziehen auf Westägypten.

Die Truppen des Pharaos Ramses III. halten an beiden Fronten stand. Zu Lande bringen die Ägypter den Vormarsch der Seevölker bei Memphis zum Stillstand. Inzwischen hat der Pharao viele wendige Schiffe bauen lassen, mit denen die Ägypter die schwerfällige Flotte des Gegners im Nildelta besiegen. Die Verteidigung Ägyptens wird von Ramses III. mit großer Genauigkeit und beispielhafter Taktik vorbereitet. Er läßt seine numidischen Bogenschützen so gut ausbilden, daß sie imstande sind, aus hundert Meter Entfernung jedes bewegliche

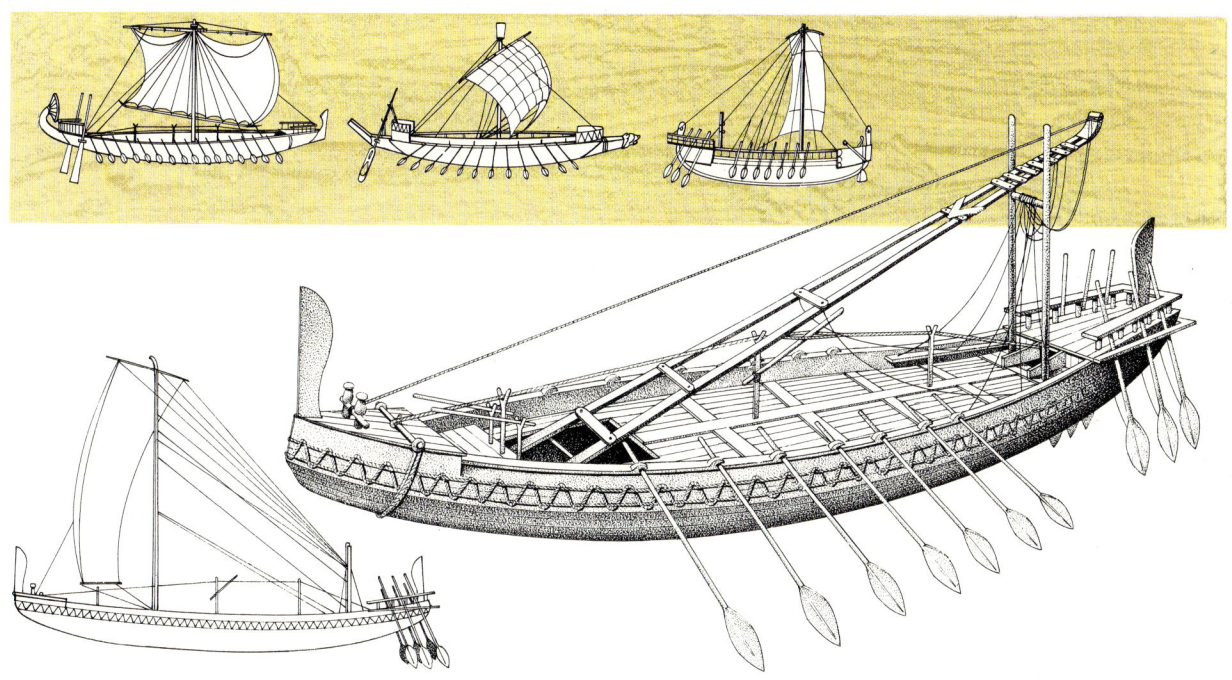

Ziel mit ihren Pfeilen zu treffen. Jeder, der
schon gegen die Kassiten gekämpft hatte, wird
von ihm persönlich über deren Kriegsgewohn-
heiten ausgefragt, damit er seine Gegner mit
ihren eigenen Kampfmethoden besiegen kann.
Die Ägypter waren es auch, die uns die ersten
schriftlichen Zeugnisse von ihren Piratenfahrten überlieferten. Im Tempel der Königin
Hatschepsut bei Theben ist auf einem Relief
eine Flotte aus fünf mit Soldaten besetzten
Schiffen dargestellt, die um 1490 v. Chr. nach
Punt, dem heutigen Somalia, fuhren. Der Hie-
roglyphentext berichtet, daß das Land Punt
tributpflichtig gemacht wurde. Als Tribut nahmen die Ägypter lebende Myrrhebäume (mit
denen sie den begehrten Weihrauch in ihrem
Lande selbst herstellen konnten), Elfenbein,
Rinder und Affen.

Die Ägypter erfanden zwei wichtige Neuheiten
für ihre Kriegsschiffe, mit denen die Schiffe der
Welt bis in unsere Zeit hinein ausgerüstet
waren. Die erste ist das „Vorschiffauge" – ein
vorgebauter Beobachtungsplatz am Bug. Die
zweite ist das „Krähennest", der Mastkorb am
vordersten Mast eines Segelschiffs. Von dort
aus kann der Ausguck den Horizont beobach-
ten und jede Gefahr sofort melden.

Die Fahrten
der Phönizier

Die leuchtend bunten und mit Hanf- oder Papyrussegeln ausgestatteten Schiffe der ägyptischen und griechischen Seeräuber befuhren die Routen des heimatlichen Mittelmeeres. Die dunklen, wendigen Schiffe der Phönizier mit den hellen Leinensegeln waren die ersten, die Vorstöße auf unbekannte Meere wagten. Die Phönizier verbanden ihren ausgedehnten Seehandel mit Seeräuberei. Der griechische Geschichtsschreiber Thukydides verherrlichte die Phönizier als „die ersten Piraten des südlichen Mittelmeeres". Dabei wußte er noch nicht, daß sie auch die ersten gewesen waren, die an den Säulen des Herkules, wie der Felsen von Gibraltar in der Antike hieß, vorbeigesegelt und über die Nordsee bis an die Ostseeküsten hinauf gekommen waren. Sie haben sich als erste über den Golf von Aden bis nach Indien vorgewagt und bereits zweitausend Jahre vor dem Portugiesen Vasco da Gama Afrika umsegelt.

Die Phönizier unternahmen ihre Fahrten im Mittelmeerraum von den gut befestigten Hafenstädten der Küste des Libanon aus – Tyros, Sidon, Tripolis, Berytos (dem heutigen Beirut) und Byblos. Ihr Ziel waren die Märkte Kleinasiens, der ägäischen Inseln, des griechischen Festlands, der adriatischen Küste, Siziliens, Sardiniens, Etruriens, Libyens und Ägyptens. Die Fahrten auf den Indischen Ozean hinaus unternahmen sie – wie Herodot berichtet – nicht von den Heimathäfen, sondern vom Arabischen Golf aus. Diese Tatsache läßt darauf schließen, daß die Phönizier zu den ersten gehörten, die davon träumten, die Landenge von Suez zu durchstoßen. Das hätte ihnen viel Mühsal erspart. Sie mußten nämlich erst über Land durch den Sinai ziehen, wo sie von räuberischen Wüstenstämmen bedroht wurden,

bevor sie am Ufer des Roten Meeres ihre Werften errichten und ihre Schiffe an Ort und Stelle bauen konnten.

Wie war es möglich, daß die Phönizier schon so weite Fahrten in unbekannte Meere unternahmen und damit ihrer Zeit so weit voraus waren? Zunächst einmal ist da der Unternehmungsgeist der Phönizier, ihre Ausdauer, Unerschrockenheit, Unruhe und Neugier. Eine große Rolle spielt schließlich ihr Geschäftssinn und ihre Abenteuerlust. Das alles sind Eigenschaften, welche die Seefahrer aller Zeiten ausgezeichnet haben. Dazu kommen ihre aufmerksame Naturbeobachtung und ihre wissenschaftlichen Entdeckungen. Die Phönizier benutzten schon den Anker und berechneten Ebbe und Flut. Sie kannten als erste den Polarstern, nach dem sie sich orientierten, um des Nachts den Kurs nicht zu verfehlen. Nach ihnen heißt der Polarstern auch „Phönizischer Stern".

Links: Phönizische Schiffe auf See. Sie waren kleiner, aber schneller als die griechischen Schiffe und eigneten sich ebenso hervorragend für die Seeräuberei wie für den Handel.
Gegenüberliegende Seite, unten: Phönizische Schiffe auf einem spätassyrischen Relief, um 1000 v. Chr.
Unten: Rekonstruktion eines phönizischen Zweiruderers. Die Phönizier benutzten drei Schiffstypen mit einem quadratischen Segel und Rudern: hohe, bauchige Handelsschiffe und langgestreckte Kriegsschiffe sowie leichtere Küstensegler.

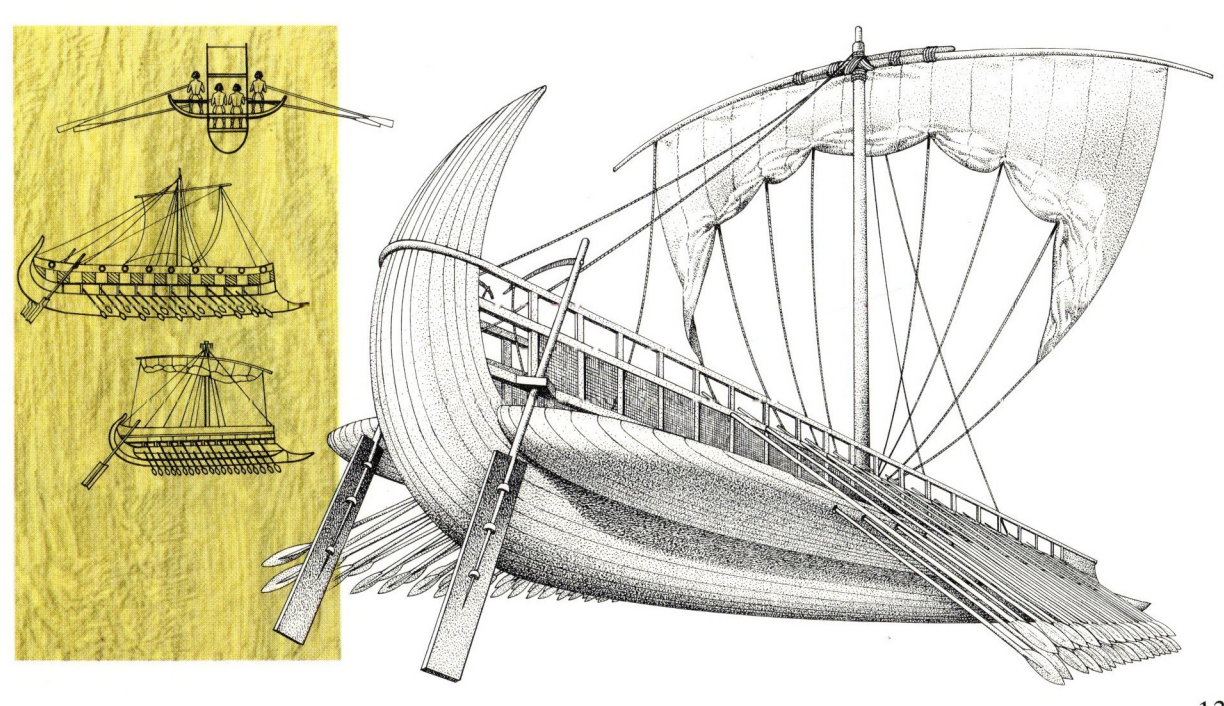

13

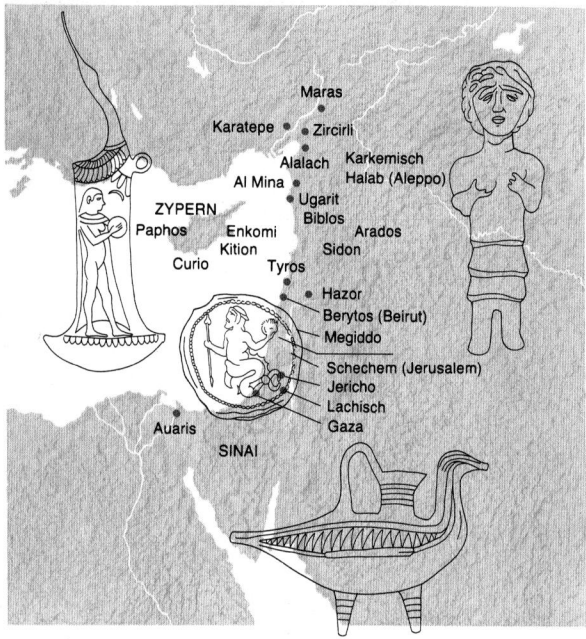

Seemann, Pirat und Händler

Die Geschichte der Seeräuberei ist mit der Geschichte der Seefahrt genauso eng verknüpft wie mit der Geschichte des Handels. Das Bild eines Piraten wird erst vollständig, wenn man ihn nicht nur in der Doppelrolle Pirat-Seefahrer, sondern in seiner dreifachen Rolle Pirat-Seefahrer-Händler sieht. Diese drei Berufe waren in der Antike kaum voneinander zu trennen. Nur wenige hätten damals sagen können, ob sie nun zuerst Händler waren, aus denen dann Piraten und Seeleute wurden, oder zuerst Piraten und Seeleute und dann Händler wurden. Das Volk, das sich als Piraten-Seefahrer-Händler am meisten hervorgetan hat, waren die Phönizier. Unter ihren Zeitgenossen und vor ihrer Zeit gab es kein Seefahrervolk, das es ihnen gleich getan hätte. Es gab nichts, womit die Phönizier nicht handelten: Bauholz, Bernstein, Getreide, Edelmetall, Gebrauchswaren, Weihrauch, Sklaven und Weine. Ihre Handelswege kannten keine Grenzen und reichten von Phönizien bis zu den Kykladen,

von Kreta bis ins Schwarze Meer hinein, von Sardinien bis an die tyrrhenische und ligurische Küste, von Ägypten bis zu den Säulen des Herkules, dem heutigen Gibraltar, und bis hinauf an die Ostseeküsten. Sie trieben ihren Tauschhandel mit größtem Geschick, mit Zähigkeit und List. Und wenn sie sich mit Worten nicht durchsetzen konnten, dann halfen sie mit Waffen nach. Ähnliche Eigenschaften besaßen auch die Piraten des Pontus Euxinus, des Schwarzen Meeres, die sich besonders auf den Bernsteinhandel verstanden und die verschiedene Handelswege kannten, die über Thrakien nach Nordeuropa führten. Nicht ganz so tollkühn und verwegen, aber genauso aktiv waren die Händler-Piraten von den Ägäischen Inseln und Kreta, von denen nicht nur die Geschichtsschreiber, sondern auch die großen griechischen Dichter erzählen. Homer bezeugt, daß die hellenischen Piraten jener Zeit keineswegs einen schlechten Ruf hatten. Er berichtet, daß seine Helden – wie z.B. Achilles, Ajax, Diomedes und Odysseus – sich nicht nur als Krieger, sondern auch als Seeräuber betätigten und auf Reichtümer genauso versessen waren wie auf Abenteuer, von denen sie daheim erzählen konnten. Homer macht kein Geheimnis daraus, was zum Heldentum dazugehört, und sagt, daß seine Helden sich ohne Seeräubertaten wohl recht kümmerlich vorgekommen wären. Ligurer, Etrusker, Tyrrhener, Karthager und Trojaner – all diese Völker unterhielten neben ihren offiziellen Flotten für den Handel noch kleinere Flotten von Piratenschiffen. Auch Thukydides bezeugt das Ansehen der Händler-Piraten. „Solche Taten", schrieb der große Athener, „waren keine Schande, sondern sogar ein Verdienst. Manche Völker vom Festland rühmen sich noch heute, das Piratenhandwerk mit Wagemut und viel Geschick zu betreiben."

Im Ägäischen Meer

Der Geschichtsschreiber Thukydides (um 460–400 v. Chr.) überliefert die unmittelbarsten Hinweise auf das griechische Piratenwesen. Sein Bericht ist allerdings nicht allzu ergiebig: vermutlich wußte er wesentlich mehr, als er niedergeschrieben hat. Doch aus irgendeinem Grunde – etwa aus dem Hochmut des Schriftstellers – war ihm seine Feder für die Abenteuergeschichten aus der Seeräuberwelt zu schade. Er berichtet, daß die Piraten „wie die Hornissen" über die Küsten Griechenlands und des Schwarzen Meeres hergefallen seien. Sie waren habgierig, grausam und skrupellos und verstanden sich mit List und Geschick auf ihr Handwerk.

Oben: Griechisches Schiff mit Segel und Ruderern auf einer Vase aus dem 6. Jahrhundert v. Chr. Es hat einen Rammsporn am Bug und zwei Reihen von Rudern: die erste ruht auf dem Riemenkasten, die zweite ragt durch die runden Löcher in der Bordwand. Die griechischen Schiffe gehörten zu den wendigsten und elegantesten, die man im klassischen Altertum kannte.
Unten: Auf dieser nach einer antiken griechischen Vase gefertigten Zeichnung ist das grausame Schicksal der Piraten dargestellt, die den Griechen in die Hände fielen. An Händen und Füßen gebunden, wurden sie hinter dem Schiff hergezogen und schließlich mit Stöcken oder Rudern erschlagen. Trotz so grausamer Bestrafung nahm das Piratenwesen in den griechischen Gewässern bis zur Eroberung Griechenlands durch die Römer kein Ende.
Gegenüber: Dieses Terrakotta-Relief aus dem 2. Jahrhundert n. Chr. zeigt eines der Schiffe des Odysseus.

Einer ihrer unversöhnlichsten Feinde war Minos, der König von Kreta. Welchen Minos Thukydides meint, wissen wir allerdings nicht genau. Mit dem Namen Minos bezeichneten die Kreter alle ihre Könige, etwa so, wie die Ägypter ihre Herrscher Pharaonen nannten. Vermutlich handelte es sich um den Minos aus der Mythologie, den Vater von Ariadne, Erbauer des Labyrinths und Bewacher des Mino-taurus. Da König Minos selbst Pirat war, wollte er die Konkurrenz der anderen Piraten ausschalten. Nachdem er die Insel Kreta zum wichtigsten Handelszentrum der Ägäis gemacht hatte, zwang er ganz Griechenland und sämtliche Völker des östlichen Mittelmeeres seine Macht auf. Er erließ ein Gesetz, demzufolge die Griechen auf ihren Schiffen nicht mehr als fünf Mann Besatzung haben durften. Nur ein einzi-

ges durfte größer sein, war aber ausschließlich dazu bestimmt, Piraten aus fremden Ländern zu bekämpfen. Die kretische Flotte dagegen erhielt mehr und bessere Schiffe, so daß sie der griechischen weit überlegen war. So machte Minos sich das Ägäische Meer untertan. Sogar die Inseln der Kykladen, die sechzig „Perlen" der Ägäis, mußten sich ihm unterwerfen. Allerdings schützten die kretischen Schiffe die Küstenstädte und den Handelsverkehr vor den Überfällen der Piraten. Noch ein anderer Piratenkönig beherrschte diese Meere: Polykrates, Tyrann von Samos, der von 537 bis 524 v. Chr. herrschte. Die Insel Samos war nicht nur wegen ihrer Töpferwaren berühmt, sondern auch wegen ihres Schiffbaus. Polykrates unternahm von Samos aus ausgedehnte Piratenzüge und machte die Insel zur stärksten Seemacht in der Ägäis. Er unterwarf die Piraten von Kilikien und von Lydien an der Südküste Kleinasiens.

Piraterie und Fortschritt in der Seefahrt

Unten: Die Seeschlacht von Salamis im Jahre 480 v. Chr. Die zahlenmäßig überlegene Flotte der Perser wurde in den engen Kanal gelockt und dort von den Griechen mit ihren wendigen Schiffen besiegt. – Die Kriegsflotte Athens wurde auch im Kampf gegen die Piraten eingesetzt. Die Handelsschiffe konnten wieder friedlich durch die Ägäis und das Ionische Meer fahren. Mit der Niederlage Athens im Peloponnesischen Krieg knapp 80 Jahre später zerfiel die Seemacht Athens, und das Piratentum blühte wieder auf. Rechts: Szene aus der Schlacht von Salamis.

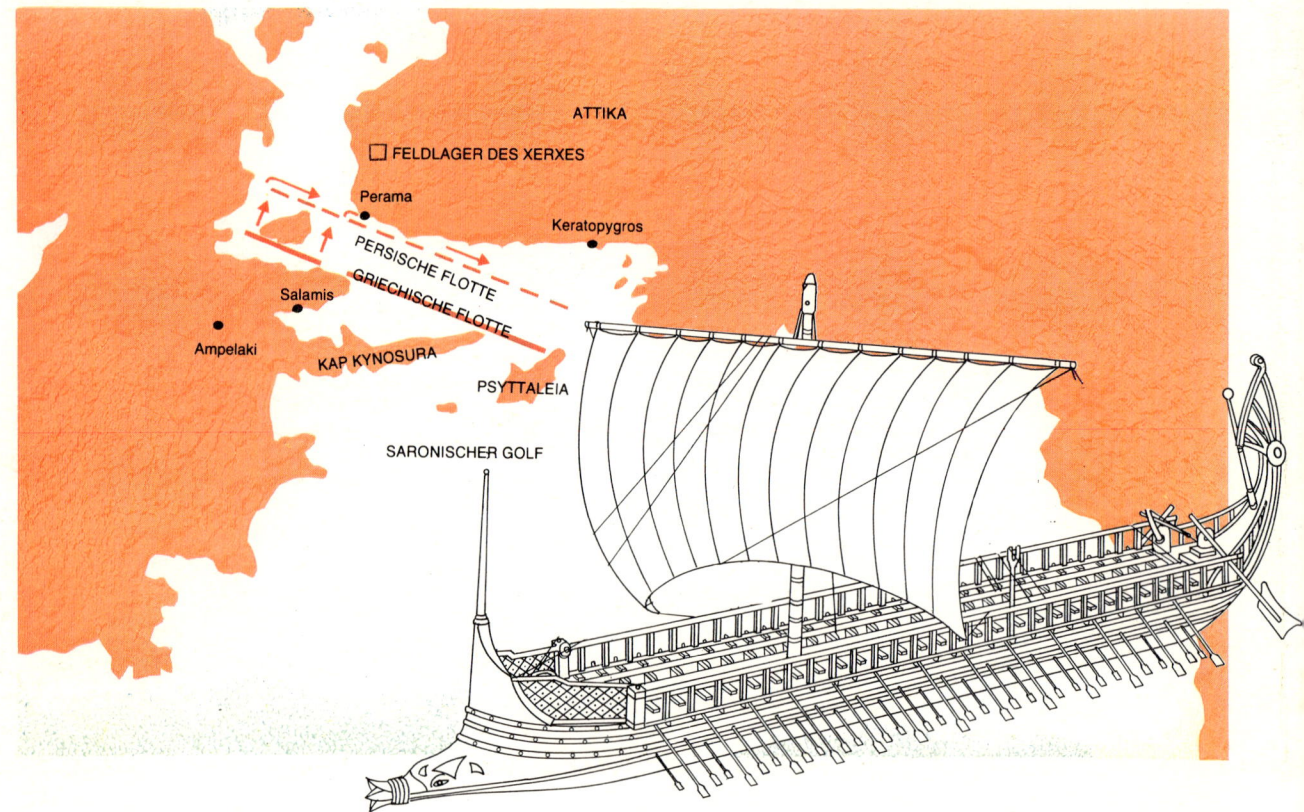

ATTIKA
FELDLAGER DES XERXES
Perama
Keratopygros
PERSISCHE FLOTTE
GRIECHISCHE FLOTTE
Salamis
Ampelaki
KAP KYNOSURA
PSYTTALEIA
SARONISCHER GOLF

Keines der großen Mittelmeervölker der Antike kann die Geschichte seiner Seefahrt und seines wirtschaftlichen Fortschritts von der Geschichte der Seeräuberei trennen. Es gibt kaum einen König, Satrapen oder Heerführer in Ägypten, Griechenland, Kreta, Troja, Etrurien und Afrika, der nicht von Piraten abstammt oder mit Piraten Krieg geführt hätte. Und die Seeräuberei war für sie alle eine Schule der Seefahrt und noch mehr der Kriegführung. Im Kampf gegen die Piraten wendeten die Herrscher die Methoden an, die sie bei den Seefahrer-Piraten selbst beobachtet hatten und ließen sich nichts entgehen, wenn es in Kriegstaktik oder Waffentechnik etwas Neues zu lernen gab. Folgende Fortschritte sind in dieser Entwicklung besonders hervorzuheben: immer schnel-lere, leichtere und wendigere Schiffe; Schiffs-rümpfe aus Holzplanken statt aus Papyrus, Häuten oder Fellen; neuartige Steuerruder; Bordinstrumente und eine neuartige Takelage (beweglicher Mastbaum und Bugspriet); neue Orientierungssysteme, die sich nach dem Polarstern richteten. Zu diesen technischen Errungenschaften kommen noch die besonderen Kampfmethoden der Seeräuber: der Hinterhalt, das geduldige Lauern auf den Handelsrouten im Schutz von Felsnasen, vor Flußmündungen oder in der Nähe der Hafeneinfahrten auf Handelsschiffe, die vom Ausguck im Krähennest frühzeitig gesichtet werden; schnellere Schiffe durch mehrere Ruderbänke übereinander; Tarnung und Überraschungsangriffe, zur See wie zu Lande. Da die Piraten von ihren

Feinden verfolgt und auch nachgeahmt wurden, wußten sie, daß für ihr Überleben eines wichtig war: sie mußten ihren Verfolgern immer einen Schritt voraus sein, mußten immer im Vorteil sein. Schon der ägyptische König Sahure handelte so, als er um 2700 v. Chr. in einem Piratenüberfall mit acht kleinen und besonders flinken Schiffen die Küste Syriens heimsuchte, ganze Dörfer plünderte und große Beute machte. Auch König Minos von Kreta, später selbst erbarmungsloser Verfolger der Piraten, nutzte seine überlegenen Schiffe für Überfälle auf andere Inseln und Küstenstädte. Übertrumpft wurde er dann noch von Polykrates von Samos, der zum Bau und zur Verschönerung seines prächtigen Palastes Schätze verwendete, die er auf seinen Piratenzügen erobert hatte.

Auch der spartanische Feldherr Lysander bezeugt, daß niemand so schnell das Mittelmeer durchkreuzte wie die Piraten. Nach der Seeschlacht von Aigospotamoi im Jahre 405 v. Chr. wollte er seinen Sieg über die Athener nach Sparta melden und konnte keinen besseren Boten finden als den Piraten Theopompos, dem das schnellste Schiff in der Ägäis gehörte.

Die Piraten im Mittelmeer führten ihre Unternehmungen nur bei Tageslicht aus und hielten sich nahe an der Küste. Trotz der grausamen Strafen waren Überfälle so häufig, daß Küsten- und Inselbewohner ins Landesinnere zogen und ihre Dörfer und Städte zu starken Festungen ausbauten. So beeinflußte die Piraterie nicht nur die Entwicklung der Seefahrt, sondern auch den Städtebau an den Mittelmeerküsten.

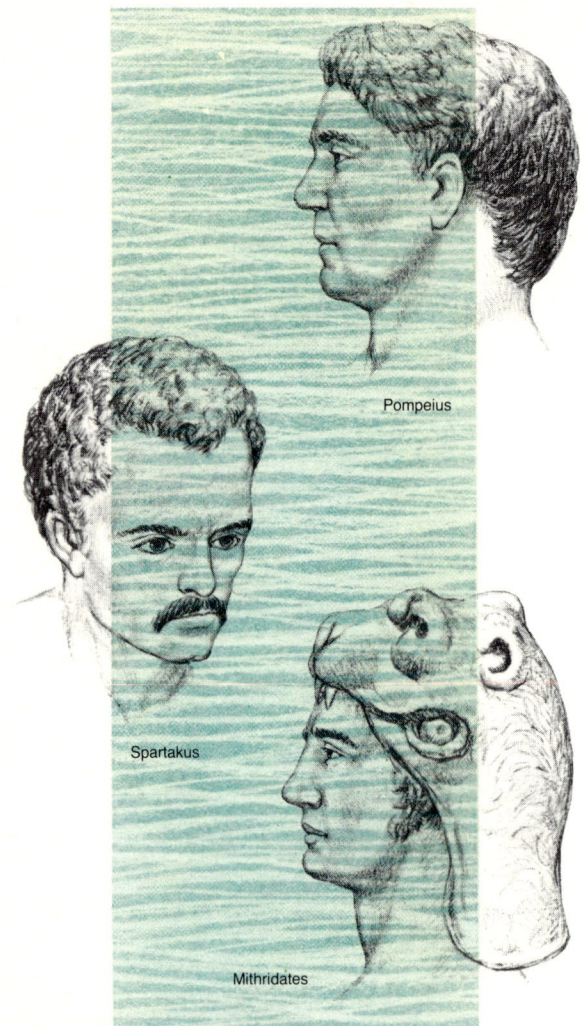

Pompeius

Spartakus

Mithridates

Rom gegen die Piraten

Nach der Zerstörung Karthagos (146 v. Chr.) in den Punischen Kriegen übernahm Rom die Seeherrschaft auf dem Mittelmeer. Feste Seeverbindungen führten von Rom zu allen Küsten des Reiches. Die auf diesen Routen beförderten Reichtümer zogen unwiderstehlich Seeräuber an. Für die Römer, die keine Seekriegserfahrung hatten, war der Kampf gegen die Piraten schwieriger als mancher ihrer großen Feldzüge, die sie zur Eroberung ihres Reiches führten.

Das erste Mal zogen die Römer gegen die Piraten, als Griechenland sie im Jahr 228 gegen die Illyrer zu Hilfe rief. Das waren Seeräuberstämme, die sich in Dalmatien angesiedelt hatten und vor allem die benachbarten griechischen Staaten bedrohten. Eine römische Flotte besiegte die Illyrer, die unter ihrer Königin, der Piratenheldin Teuta, kämpften. Süddalmatien wurde römisches Schutzgebiet. Zehn Jahre

Links: Der römische Feldherr Pompeius beendete den Krieg gegen die Seeräuber. Er besiegte den Anführer des Sklavenaufstands, Spartakus, und König Mithridates, der Rom mit verbündeten Seeräubern bekämpfte. Unten: Ein römisches Kriegsschiff, eine Weiterentwicklung des griechischen Dreiruderers (Trireme). Man sieht die mit einem eisernen Dorn versehene Enterbrücke und einen Turm mit Zinnenkranz, von dem aus die Bogenschützen ihre Pfeile abschossen. – Daneben römische Anker.

später erst gelang es Rom, die ganze dalmatische Küste zu beherrschen. In den Jahren von 87 bis 62 v. Chr. mußte sich Rom mit zwei entscheidenden Ereignissen auseinandersetzen: den Mithridatischen Krieg und dem großen Sklavenaufstand unter Spartakus. Um Mithridates, den König des Reiches Pontos am Schwarzen Meer, und seine Verbündeten, die kilikischen Piraten, aus römischen Gebieten zu vertreiben, mußte Rom drei Kriege führen. Erst im dritten Feldzug gelang es den Römern unter dem Feldherrn Pompeius, Mithridates zu besiegen. Gleichzeitig führte Rom Krieg gegen Spartakus, einem ehemaligen thrakischen Piraten, der ein Heer von 70 000 aufständischen Sklaven und verbündeten Piraten versammelt hatte. Über zwei Jahre kämpften die Sklaven für ihre Unabhängigkeit. Im Jahre 71 wurde Spartakus von einem römischen Heer unter dem Konsul Crassus in Lukanien geschlagen. Pompeius vernichtete wenig später die Reste des Sklavenheeres. In beiden Fällen hatten die Römer die Piraten besiegt, weil es ihnen gelungen war, die Schlacht nicht zur See, wo die Piraten zu Hause waren, sondern zu Lande auszutragen, wo die Römer ihnen überlegen waren.

Nach dem Tod von Mithridates und Spartakus wurde die Seeräuberei zu einem mittelmäßigen Banditenwesen. Als Cäsar an die Macht kam, sorgte er zusammen mit Pompeius und Crassus dafür, daß alte Piratengesetze wieder in Kraft traten und verschärft wurden. Mit diesen Gesetzen wurden die Piraten als Diebe und Plünderer verfolgt. Sie galten als „Feinde der Menschheit" und konnten von den Prätoren, den römischen Statthaltern, ohne Rückfragen in Rom zum Tode verurteilt werden.

Als Pompeius im Jahr 66 v. Chr. Mithridates und die kilikischen Seeräuber endgültig unterworfen hatte, ließ er vor der Küste Kilikiens 850 ihrer Schiffe versenken. Doch mit den Überlebenden bewies er Großmut und ließ sie am Leben. Er schickte sie in abgelegene Gebiete wie Achaia, Kilikien und Kalabrien, wo sie als Siedler seßhaft werden sollten. Wie lange sie dabei geblieben sind, das Land mit der Hacke zu bestellen, weiß niemand. Sicher ist jedenfalls, daß sich das Piratenwesen im Mittelmeer von dieser Niederlage gegen die Römer schon bald wieder erholte.

Unten: Darstellung römischer Kriegsschiffe auf einem Wandgemälde des Hauses der Vettier in Pompeji. – Die Römer waren keine Seefahrer. Sie bauten ihre Schiffe so, daß sie ihre Seeschlachten mit ihren Fußtruppen schlagen konnten. Erst in den Kriegen mit Karthago erhielt Rom eine wirklich starke Flotte. Mit ihr hat Rom nach der Niederlage Karthagos die Vormacht auf See behauptet.

Cäsar und seine Piratengeschichte

leere Drohungen aus, ihre Goldgier ließ sie die Vorsicht vergessen. Damit Cäsar in aller Ruhe Briefe schreiben konnte, um das Lösegeld zusammenzubekommen, gingen sie an Land. Zum Zeitvertreib veranstalteten sie mit Cäsars Leuten Wettläufe und Ringkämpfe. Sie waren sogar bereit, sich seine Gedichte – die leider nicht überliefert sind – anzuhören, über die sie sich allerdings nur amüsierten.

Das Lösegeld wurde gezahlt und Cäsar kam frei. Sofort nach seiner Heimkehr rüstete er zur Strafexpedition gegen die Piraten, die es gewagt hatten, mit ihm auf diese Weise zu verfahren. Da im Krieg gegen die Seeräuber jedoch nicht ihm, sondern Pompeius die Befehlsgewalt übertragen worden war, besorgte er sich von seinem Freund, dem recht zögernden Prätor Valerio Torquato, vier Schiffe und fünfhundert Mann Besatzung. Dann segelte er nach Pharmakusa, überraschte die Piraten bei einem Festgelage und schaffte sie gefesselt nach Pergamon. Dort

In der Geschichte hat Pompeius den Ruhm, die Auseinandersetzungen zwischen Rom und den Piraten beendet zu haben. Da drängt sich die Frage auf: und Cäsar? Von ihm gibt es folgende spannende Geschichte über eine Begegnung mit Seeräubern zu berichten, die von dem griechischen Schriftsteller Plutarch und anderen aufgeschrieben und sicherlich auch ausgeschmückt worden ist: Der junge Cäsar befand sich auf der Reise nach Rhodos, wo ihn der gelehrte Rhetor Apollonius in der Redekunst unterweisen sollte. Bei der Insel Pharmakusa vor der kleinasiatischen Küste wurde sein Schiff von kilikischen Piraten überfallen und Cäsar zusammen mit seinen Reisegefährten gefangengenommen. Die Piraten versprachen, ihm kein Haar zu krümmen, allerdings gegen ein Lösegeld von zwanzig Talenten. Mit überlegener Gelassenheit und in verächtlichem Ton entgegnete Cäsar, er sei mindestens 50 Talente wert und versprach dem groben Piratenführer nicht das geforderte Lösegeld, sondern im Gegenteil den Tod am Kreuz. Cäsar bewies seine Größe weniger durch Mut als durch Klugheit. Er beobachtete seine Feinde und hatte sie schnell durchschaut: Sie stießen nur

Gegenüber: In einer Seeschlacht vor Ägypten rettet
Cäsar die „Commentarii", seine Kriegsberichte,
als sein Schiff getroffen ist und untergeht.

Oben: Römischer Hafen auf einem Relief aus dem
2. Jahrhundert n. Chr.
Unten: Treffen zwischen Cäsar und kilikischen Seeräubern.

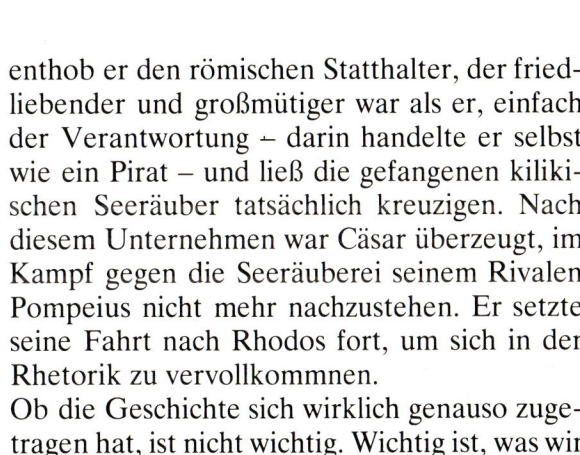

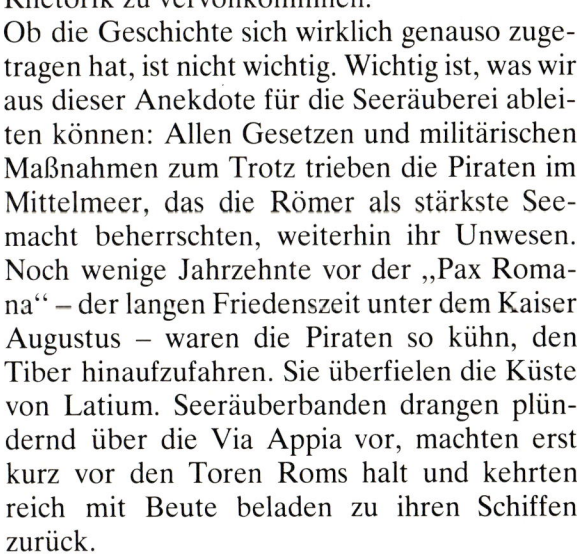

enthob er den römischen Statthalter, der fried-
liebender und großmütiger war als er, einfach
der Verantwortung – darin handelte er selbst
wie ein Pirat – und ließ die gefangenen kilikischen Seeräuber tatsächlich kreuzigen. Nach
diesem Unternehmen war Cäsar überzeugt, im
Kampf gegen die Seeräuberei seinem Rivalen
Pompeius nicht mehr nachzustehen. Er setzte
seine Fahrt nach Rhodos fort, um sich in der
Rhetorik zu vervollkommnen.

Ob die Geschichte sich wirklich genauso zuge-
tragen hat, ist nicht wichtig. Wichtig ist, was wir
aus dieser Anekdote für die Seeräuberei ablei-
ten können: Allen Gesetzen und militärischen
Maßnahmen zum Trotz trieben die Piraten im
Mittelmeer, das die Römer als stärkste Seemacht beherrschten, weiterhin ihr Unwesen.
Noch wenige Jahrzehnte vor der „Pax Roma-
na" – der langen Friedenszeit unter dem Kaiser
Augustus – waren die Piraten so kühn, den
Tiber hinaufzufahren. Sie überfielen die Küste
von Latium. Seeräuberbanden drangen plündernd über die Via Appia vor, machten erst
kurz vor den Toren Roms halt und kehrten
reich mit Beute beladen zu ihren Schiffen
zurück.

23

Die Wikingersaga

Im 9. Jahrhundert kommen aus nordischen Ländern grimmige Piraten auf leichten Schiffen übers Meer und bedrohen die Küsten Europas: die Wikinger. Bis zum Ende des 11. Jahrhunderts verbreiten sie Angst und Schrecken, wo sie auftauchen. Im Alten Testament steht eine Weissagung des Propheten Jeremia: „Und es wird ein Unglück aus dem Norden hereinbrechen für alle Bewohner des Landes". Als die Wikinger oder Normannen, wie man sie auch

Gegenüberliegende Seite, oben: Wikingerschiffe auf dem Ärmelkanal (englische Miniatur aus dem 12. Jahrhundert). Man erkennt die Laufplanke, über die die Wikinger feindliche Schiffe enterten.

Unten: Ein Wikingerschiff, das in Gokstad bei Oslo ausgegraben wurde. Vorder- und Achtersteven steigen in geschwungenen Linien bis zu zwei Meter Höhe an. Das Schiff hat auf jeder Seite 16 Ruderplätze. Der Mast war etwa 13 m hoch. Die Besatzung bestand aus etwa 40 Mann. Schiffe wie dieses wurden von den Wikingern für ihre ersten Piratenfahrten verwendet. Später bauten sie auch schnelle, lange Kriegsschiffe und seetüchtige Frachter.

nennt, die Küsten Westeuropas heimsuchten, waren sich alle Christen einig, daß Jeremias Prophezeiung sich erfüllt hätte. Das Schlimmste an diesem Unheil war für die Christen, daß die Wikinger Heiden waren und man nichts über sie wußte. Wer waren sie und woher kamen sie?
Die Geschichte weiß nicht viel von ihnen. Vielleicht stammen sie von den Phöniziern ab, den berüchtigsten Piraten der vorchristlichen Zeit, die auch als erste in die Meere des Nordens vordrangen. Zwar waren die Wikinger in Skandinavien seßhaft, doch haben sie ihre Heimat immer wieder verlassen, um zu ihren langen Raubzügen aufzubrechen. Norwegen, Schweden, Dänemark waren unwirtliche Länder, mit ewigem Eis und Schnee und riesigen Wäldern, Länder, wo der Sommer nur ein paar Wochen dauert und wo es im Winter kaum Tag wird. Immer wieder werden die Wikinger gepackt von der Gier nach Gold und Schätzen und von der Sehnsucht nach fernen, freundlicheren Küsten. In leichten, flachen Schiffen mit hochgezogenen Vorder- und Achtersteven, die häufig mit Drachenköpfen verziert sind, segeln sie bis nach England und Schottland, nach Irland, Frankreich, Deutschland, Island, ja bis nach Grönland. Sie erreichen sogar „Vinland", die Küste von Neufundland. Vom Meer kommend fallen sie im Schutz der Dunkelheit über friedliche Dörfer und Ansiedlungen her. Wo sie wüteten, steht kein Stein mehr auf dem anderen, ist kein Mensch mehr am Leben. Am meisten lohnt sich der Beutezug durch Klöster und Abteien, Kirchen und Heiligtümer, denn dort finden die Piraten kostbares Kirchengerät, edelsteinverzierte Kreuze und goldene Kelche. Wenn sie genug Beute gemacht haben, kehren sie in ihre Heimat zurück. Dort bestellen sie in der milderen Jahreszeit ihre Äcker und gehen auf Walroßjagd und Walfischfang. Von den

Oben: Wikinger-Piraten stürmen die Mauern von Thetford in England (Miniatur aus dem 12. Jahrhundert). Die Eroberung Englands durch dänische Wikinger ist im 11. Jahrhundert abgeschlossen: London wurde gebrandschatzt, der König von Northumberland entthront.

Wikingern sind nur wenig Spuren geblieben. Man hat Schiffe, Waffen und einige Siedlungen ausgegraben. Auch haben sie kaum Schriftliches hinterlassen. Einiges wissen wir von dem englischen Mönch Alkuin. König Alfred der Große von England (871–900) berichtet von dem wikingischen Händler Otar, einem unerschrockenen Seefahrer und Piraten, der bis ins Weiße Meer fährt und als erster das Nordkap entdeckte. In der „Chronik von Ulster" (Irland, 9. Jahrhundert) lesen wir, daß die Küsten Britanniens im 8. und 9. Jahrhundert ganz in den Händen der wikingischen Piraten war.

„Robbenkopf" und „Blutiges Schwert"

Groß, stark, blond, blauäugig, bärtig und grölend, im Kettenhemd und in Bären- oder Widderfellen, in ledernen Hosen, die an den Waden mit breiten Lederstreifen gewickelt werden, auf dem Kopf den Eisenhelm mit Büffelhörnern, in einer Faust das scharfe Schwert, in der anderen den schrecklichen Speer: das ist das übliche Bild von dem Wikingerkrieger auf seinen Streifzügen, und vielleicht sah er wirklich so aus. Die Anführer der Wikinger tragen sonderbare Namen: Erik „Blutiges Schwert", Ketill „Plattnase", Dufnall „Robbenkopf", Sigtrygg „Seidenbart". Zu ihnen gehörte auch Targhlis „der Abt", der nach der Plünderung des größten und reichsten Nonnenklosters in Irland, Clonmacnoise, seine Frau zur „Äbtissin" machte und sie am Altar wikingische Trauerlieder singen ließ. Überall in Westeuropa beteten die Christen: „Von dem

Schrecken der Normannen erlöse uns, Herr!" Fast drei Jahrhunderte lang beherrschen die Wikinger die nördlichen Meere Europas und die angrenzenden Länder. Sie bedrängen das Reich Karls des Großen, schlagen die Mauren bci Scvilla, crobcrn Nowgorod und Kicw. Um 850 zerstören sie Hamburg und plündern wenig später Paris. Sie dringen bis ins Mittelmeer vor und überfallen die Küsten Spaniens, Südfrankreichs und Italiens. Sie stoßen bis zur nordafrikanischen und kleinasiatischen Küste vor und versuchen, selbst Rom und Byzanz, die Hauptstädte der damaligen Welt, anzugreifen. Sie entreißen Malta und Sizilien den Arabern. Nach den anfänglichen Raubzügen beginnen die Wikinger, in den eroberten Gebieten auch seßhaft zu werden. Sie sind nicht immer nur Piraten und Plünderer, sie sind auch Siedler und Kauflcutc. In England, in Frankrcich, in Süditalien und auch in Rußland und Kleinasien gründen sie Reiche, die noch Jahrhunderte bestehen. Nachdem sie gegen Ende des 12. Jahrhunderts das Christentum annahmen, wurden sie zu gefürchteten Piratenverfolgern und sorgten im Norden Europas für die Sicherheit des Seehandels.

Im Zeichen des Halbmonds

in gefährlicher Nähe von Konstantinopel. Sie besetzen Persien, den Sudan und Tunesien. Im Jahre 711 landen sie in Spanien und versuchen mehrere Jahrzehnte lang, sich in Frankreich festzusetzen. Im Osten erreichen sie Indien und halten dort das Vordringen der Chinesen auf. Noch sind keine zwei Jahrhunderte vergangen, und an der gesamten südlichen Mittelmeerküste von Gibraltar bis zum Bosporus weht der Halbmond der Muslims.

Von jetzt an wird die Seeräuberei auf dem Mittelmeer von den Piraten der Kalifen beherrscht. Sie führen mehrere Jahrhunderte hindurch einen regelrechten Eroberungskrieg, der auf dem Meer beginnt, aber an den Küsten und im Inneren fast sämtlicher Mittelmeerländer fortgeführt und beendet wird. Der Halbmond wird zum Zeichen einer ständig drohenden Gottesstrafe. Wo ein Schiff mit dieser Flagge auftaucht, heißt das Tod und Zerstörung. Oft waren die Expeditionen der islamischen Piraten auch Vergeltungsmaßnahmen für die Überfälle christlicher Piraten auf ihre Heimat oder auf ihre Flotten.

Während die wikingischen Piraten im 9. Jahrhundert die Länder Nordeuropas in der Zange halten, taucht im Orient ein neues Seeräubervolk auf: arabische Piraten, die im Namen Allahs die Meere und Länder des römischen Reiches bedrohen. Sie führen den Halbmond in ihrem Banner. Unter diesem Zeichen kämpfen Männer, die mit scharfen Krummsäbeln bewaffnet sind. Früher waren sie Hirten und Karawanentreiber. Dann beherrschten sie als überall gefürchtete Reiterstämme die Wüste. Jetzt sind sie zu ebenso kühnen Seefahrern geworden. Unter Mohammed und seinen Nachfolgern verfechten sie mit wilder unduldsamer Leidenschaft den Islam. Im Koran finden sie das Gebot, an dem ihr Mut sich entzündet: „Wer die Ungläubigen bekämpft und für Allah sein Leben läßt, wird eingehen in ein Paradies ewigwährender Freuden." Im Jahre 632 unterwerfen die Araber Damaskus, 638 Jerusalem und 641 das ägyptische Alexandria, 649 erobern sie Zypern und 654 Lydien, den Vorposten des Byzantinischen Reiches in Kleinasien,

Gegenüber: Das Banner mit dem Halbmond, dem Wahrzeichen des Islam. Die Barbaresken, die Muslime Nordafrikas, führten ihn im roten, die Türken im grünen Feld. Oben: Seeschlacht von Ostia, in der Papst Leo IV. im Jahre 849 die Sarazenen besiegte (Gemälde von Giulio Romano und anderen). Leo IV. sorgte auch für die Sicherung Roms und der Küsten gegen Sarazeneneinfälle.

Unten: Diese Handschrift aus dem 10. Jahrhundert zeigt den Kampf zwischen einem christlichen und einem türkischen Schiff. Nachdem die Sarazenen Kreta und Sizilien erobert hatten, konnte Byzanz nur noch mit Mühe seine Vorherrschaft auf See behaupten. Die Sarazenen trieben viel Seeräuberei und bedrohten die Seefahrt des Oströmischen Reiches.

Mauren, Barbaresken und Sarazenen

Die Vorherrschaft der Araber und der Kalifen in der islamischen Welt nahm ein Ende, als im Jahre 1055 die seldschukischen Türken Bagdad, die Hauptstadt des Islam, eroberten. Sie gründeten ein gewaltiges Reich, das von Kleinasien bis Mesopotamien reichte. Nur die Mauren in Tunesien, Libyen und Algerien konnten sie nicht unter ihre Herrschaft bringen. Die Mauren gaben den Widerstand erst 500 Jahre später auf, als die Führung des türkischen Reiches von den Osmanen übernommen wurde. Während für Europa mit der Entdeckung Amerikas ein neues Zeitalter der Seefahrt begann, trieben die nordafrikanischen Mauren noch immer, wie in den Jahrhunderten zuvor, Seeräuberei auf dem Mittelmeer, allerdings im Dienste des osmanischen Reiches. Die Bevölkerung an den Küsten, aber auch im Landesinnern Spaniens, Frankreichs und Italiens hatte immer wieder unter diesen kriegserfahrenen, rohen, habgierigen und leidenschaftlich unbeugsamen Piraten zu leiden. Um diese Zeit wurden die Mauren „Barbaresken" genannt. Das hat nichts mit dem Wort „Barbaren" zu tun, sondern hängt mit dem Namen „Berber" zusammen.

„Sarazenen" nannte man die Türken, die wesentlich früher, das heißt im 9. und 10. Jahrhundert, Spanien und Teile Süditaliens erobert hatten. Später galt die Bezeichnung „Sarazenen" für alle Muslims in der arabischen Welt. Die Bedeutung des Wortes „Sarazene" ist umstritten. Die meisten Gelehrten leiten es vom arabischen „sarazo" ab – das bedeutet soviel wie „Dieb" und „Räuber". Andere wollen das Wort mit dem arabischen „scarkey" oder „Orientale" in Verbindung bringen. Für wieder andere ist es ein lateinisches Wort griechischen Ursprungs; denn in der Antike wurden die Beduinen Mesopotamiens „sarakenos" genannt.

Alle diese Begriffe – Mauren, Barbaresken und Sarazenen – werden oft verwendet, ohne genau zu unterscheiden. Am gebräuchlichsten ist aber der Name „Sarazenen". Er bezeichnet auch den Charakter dieser arabischen Seeräuber: kühn, stolz, grausam und prunksüchtig. Mit der Zeit wurde der Begriff allgemein für „Seeräuber" gebraucht. Das liegt nicht nur an der besonderen Grausamkeit der Sarazenen, sondern auch an ihrer langen Herrschaft als Piraten des Mittelmeeres.

Oben: Befestigte Stadt in Marokko. Die Befestigung der Küstenstädte Nordafrikas begann als Verteidigungsmaßnahme der dortigen Reiche gegen die muslimischen Eroberungszüge. Algerien, Tunesien und Tripolis leisteten bis zu Beginn des 16. Jahrhunderts Widerstand. Dann wurden auch diese drei selbstständigen Reiche vom Osmanischen Reich unterworfen.

Unten: Dieses Gemälde zeigt die venezianische Flotte vor Tripolis. Die Barbareskenstädte Nordafrikas wurden immer wieder von christlichen Flotten angegriffen.

Rechts: Schiffe mit Lateinsegel und Rudern, wie sie im 17. Jahrhundert von den Barbaresken benutzt wurden. Der Ursprung dieses Schiffstyps ist unbekannt. Etwa ein Jahrhundert später wurde der gleiche Schiffstyp von Franzosen und Spaniern in der Piratenverfolgung eingesetzt.

Ἁλίκωνπαρτιλώς ἔων γινομένων τόνπαθοιο. καὶ ἀπρὸστον κόλπον τῶν βλαχρνῶν καταραεἰωσ]

Bis zu den Kreuzzügen

Oben: Darstellung des „griechischen Feuers" auf einer mittelalterlichen Handschrift. Es bestand aus Schwefel, Harz und Pech und wurde aus Druckspritzen gegen feindliche Schiffe geschleudert. Das griechische Feuer führte die byzantinische Flotte oft zu großen Erfolgen.

Im Jahre 630 rief Mohammed zum Heiligen Krieg gegen die „Ungläubigen" auf. Damit begannen die großen Eroberungskriege der Araber und Türken, die unter dem Zeichen des Halbmondes überall im christlichen Mittelmeer ihre islamischen Herrschaftsgebiete errichteten. Auf diese Herausforderung antwortete die christliche Welt erst fünfhundert Jahre später mit ihren acht Kreuzzügen. Der erste Kreuzzug brachte einen schnellen Sieg, und zum ersten Mal mußte der Halbmond auf Halbmast gehen. Die späteren Kreuzzüge arteten eher in Raub- und Beutezüge aus. Nicht zu Unrecht haben manche Historiker sie als letzte Welle der großen Barbareneinfälle gesehen. Die arabische Kultur hatte das östliche Mittelmeer im Verlauf ihrer jahrhundertelangen Piraterie zu einer riesigen Schatzkammer gemacht und dort Reichtümer aus aller Herren Länder zusammengetragen. Die Alleinherrschaft in diesem

Gebiet wurde dem Halbmond nur noch von dem Byzantinischen Reich streitig gemacht, dessen Macht aber ohnehin dem Untergang nahe war. Die Araber fürchteten nicht die Konkurrenz der italienischen Seefahrerrepubliken. Im Gegenteil, sie unterhielten ausgezeichnete Handelsbeziehungen mit ihnen. Die Handelsschiffe aus Genua, Venedig und Pisa fuhren vollbeladen sowohl nach Konstantinopel als auch nach Bagdad und kehrten mit orientalischen Waren zurück. Als die Kreuzzüge begannen, beförderten dieselben Schiffe die christlichen Krieger in das „Heilige Land". Jeden Ruderschlag ließen sich die Seefahrerrepubliken aber in schwerem Gold bezahlen. Ein Doge von Venedig, Enrico Dandalo, stellte den Kreuzfahrern des vierten Kreuzzuges außerdem noch Bedingungen: sie sollten das gegen Venedig aufrührerische Zadar an der dalmatischen Küste zurückerobern und in Konstantinopel den abgesetzten Kaiser Alexius wieder auf den Thron heben. Diese Unternehmungen lohnten sich für die Kreuzfahrer: Zadar wurde eingenommen und geplündert. Als der byzantinische Kaiser die Hilfe der Venezianer nicht bezahlen wollte, wurde Konstantinopel gebrandschatzt. Dabei fiel den Kreuzfahrern reiche Beute zu. Mit solchen Piratenstreichen sicherten sich die Venezianer die Herrschaft über das Adriatische Meer und den Besitz zahlreicher kleiner Häfen in der Ägäis. Auch Genua und Pisa kämpften nicht weniger skrupellos um Macht und Reichtum. Alle diese Seefahrerrepubliken ließen ihre Flotten noch von Piraten unterstützen, die sie für ihre Unternehmungen anwarben. Neben diesem in Flotten organisierten Piratenwesen gab es noch viele Seeräuber, die als Einzelgänger die Schifffahrt bedrohten. Kein Handelsschiff konnte sicher sein, ob es ungehindert ans Ziel gelangen würde. Hinter Vorgebirgen, vor der Einfahrt von Heimathafen oder Zielhafen oder auf

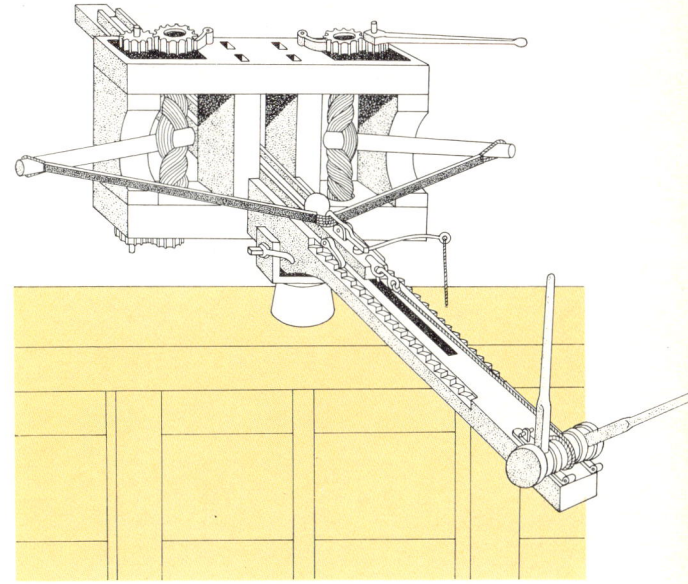

hoher See – überall lauerten die Seeräuber. Politische Machtkämpfe oder Religionskriege interessierten sie wenig. Worauf sie sich verstanden, das war das Kapern von Handelsschiffen, die beladen waren mit Stoffen und Alaun, Silber und Gold, mit Gewürzen und Duftstoffen, mit christlichen, afrikanischen oder maurischen Sklaven.

Oben: Mit einem Katapult wie diesem wurden bei Belagerungen Steingeschosse gegen Befestigungen geschleudert.
Unten: Diese Handschrift aus dem 13. Jahrhundert zeigt eine venezianische Galeere, die Kreuzfahrer ins Heilige Land beförderte.

Die
Vitalienbrüder

Im Norden Europas waren die Wikinger-Piraten gegen Ende des 11. Jahrhunderts verschwunden. Man hatte sie nicht etwa vertrieben, sondern sie waren in ihren neuen Herrschaftsgebieten seßhaft geworden, hatten sich mit der unterworfenen Bevölkerung vermischt und waren in manchen Ländern sogar auf den Thron gelangt. Jetzt war das Feld frei für die Seeräuberei in kleinem Stil, in heimatlichen Gewässern. Die neuen Piraten hatten nicht den Ehrgeiz, Länder zu erobern. Sie wollten nur eins: reich werden. Im Jahre 1241 schlossen sich die Städte Hamburg, Lübeck, Bremen, Utrecht, Visby und andere zum Bund der „Hanse" zusammen, um sich gegen diese Seeräuber zur Wehr zu setzen. Hauptstützpunkt des Bundes war Visby auf Gotland. Schon bald jedoch verfielen viele Hanseaten dem Laster, gegen das sie sich ursprünglich zusammengeschlossen hatten, und wurden selbst zu Seeräubern. Traurigen Ruhm unter diesen Abtrünnigen erlangten die „Vitalienbrüder". Ihren Namen erhielten sie, als sie als Helfer des Schwedenkönigs Albrecht das von Königin Margarete belagerte Stockholm mit Lebensmitteln (Vitalien) versorgten. Später allerdings setzten sie den Kaperkrieg auf eigene Faust fort. Godeke Michel, Moltke, Manteufel und Klaus Störtebeker und ihnen zur Seite der ebenso schreckliche Godekins. Gegen sie konnten die gut ausgerüsteten Strafexpeditionen von Königin Margarete von Schweden und König Richard II. von England nichts ausrichten. Bei einem ihrer Überfälle steckten sie die norwegische Stadt Bergen in Brand. In der zweiten Hälfte des 14. Jahrhunderts waren Nord- und Ostsee in ihrer Hand. Erst 1402 holten sie endgültig die Flagge ein: Man hatte ihren großen Anführer, Klaus Störtebeker, gefangengenommen und in Hamburg öffentlich enthauptet. Vor seinem Tode hatte Störtebeker noch versucht, seine letzte Karte zu setzen. Er bot seinen Richtern für sein Leben soviel Gold, wie man für eine Kette brauchte, die rings um die Hamburger Stadtmauer reichte. Die Kette wurde nie geschmiedet. Aber auf dem Störtebeker-Schiff fand man in dem ausgehöhlten Hauptmast ungeheure Mengen an Gold und Edelsteinen. Simon von Utrecht, der Anführer der hanseatischen

Flotte, teilte diese Beute zu gleichen Teilen unter den Verfolgern und den Kaufleuten des Hansebundes, die jahrelang unter der Bedrohung der „Vitalienbrüder" zu leiden gehabt hatten. Außerdem ließ er davon auch noch eine Krone aus massivem Gold für die Kirche des Heiligen Nikolaus, des Schutzpatrons von Hamburg, schmieden. Seitdem veranstalteten die Hanseaten an festgelegten Tagen einen ganz besonderen Wettstreit: wer von den Scharfrichtern die meisten Seeräuber köpfte, wurde zum „ersten Henker" ernannt. Dieser Titel wurde 1539 an einen gewissen Adelarig vergeben, der bei einer „Veranstaltung" in Bremen mehr als 80 Köpfe rollen ließ.

Gegenüber, oben: Ansicht vom Hamburger Hafen. Hamburg war Mitglied des Hanse-Bundes. (Miniatur aus dem Jahr 1497)
Unten: Die Scharfrichter der Hanse bei einer Massenhinrichtung von Seeräubern in Danzig, 1498.

Links: Porträt von Klaus Störtebeker, dem berühmtesten der Vitalienbrüder
Unten: Skizze einer „Hanse-Kogge" und Siegel der Stadt Elbing. Klaus Störtebeker wurde als letzter der Vitalienbrüder 1402 hingerichtet. Der Hanse-Bund war von den Städten Hamburg, Lübeck und Bremen gegründet worden; später schlossen sich auch Städte wie Danzig, Rostock, Utrecht, Wisby und Elbing an.

Amazonen
des Meeres

In der Geschichte der Piraterie treten auch Frauen auf. Bereits in römischer Zeit gab es eine berühmte Piratin, die illyrische Königin Teuta, die mit ihren kleinen Schiffen die dalmatinische und griechische Küste beherrschte. Im Mittelalter führte um 1100 eine Frau das Kommando über Piratenschiffe in der Ostsee: die schwedische Wikingerin Alwilda. Ein Wikinger, ein Dänenfürst, verfolgte sie, nahm sie gefangen und ... die Geschichte endete mit einer ganz ordnungsgemäßen Hochzeit. In Frankreich übernahm um 1300 Jeanne de Belleville das Kommando über drei Piraten-schiffe, auf die sie auch ihre beiden jungen Söhne mitnahm. Erfüllt von Rachsucht, weil man ihren Gatten, Olivier de Clisson, als einen Freund der Seeräuber verdächtigt und ihm den Kopf abgeschlagen hatte, wurde sie der Schrekken des englischen Kanals. 1582 machte Elisabeth Killigrew aus einer Familie hoher Würdenträger am Hofe von Elisabeth I. die Meere

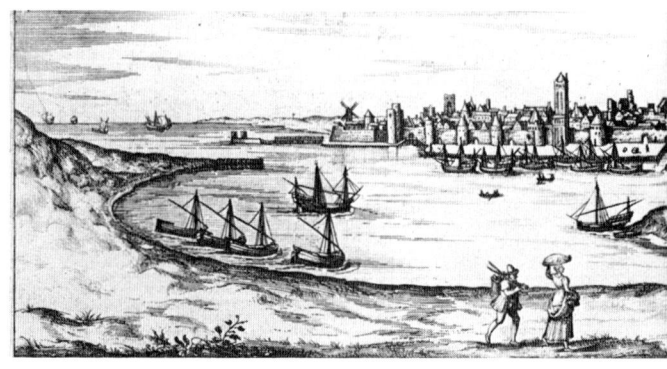

unsicher. Sie lebte außerhalb aller gesellschaftlichen Regeln und war bekannt für ihre Häßlichkeit. Sie war schon recht alt, und während ihres ganzen langen Lebens hatte sie als die „Lady von Falmouth" den Geheimbund der Seeräuber an den englischen Küsten geleitet. Fast täglich gingen bei Hofe Klagen ein über ihre unbarmherzigen Beutezüge und ihre skrupellose Grausamkeit. Die Krone konnte ihre Augen vor diesen Missetaten nicht mehr verschließen und verurteilte sie zum Tode. Im letzten Moment wurde sie jedoch begnadigt. Die Gründe für die ungewöhnliche Entschei-

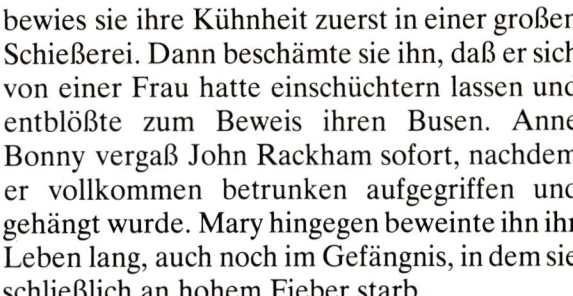

Oben: Zwei Illustrationen aus der „Geschichte der Völker des Nordens" des schwedischen Geschichtsschreibers Olaus Magnus. Die Piratenboote, die hier im Ärmelkanal Frachtschiffen auflauern, sind mit Frauen besetzt.
Unten links: Die englische Piratin Mary Read aus London. Sie diente als Mann verkleidet bei der Armee und der Marine.
Mitte: Der Hafen von Dünkirchen in Nordfrankreich, berüchtigt als Piratenstützpunkt und Geburtsort von Jean Bart, des berühmten Freibeuters des Sonnenkönigs.
Rechts: Die irische Piratin Anne Bonny, verheiratet mit Calico-Jack Rackham und Freundin von Mary Read. Auch sie trägt Männerkleider, dazu Pistole, Schwert und Axt. – 1720 wurden beide Frauen auf Jamaika vor Gericht gestellt und verurteilt.

bewies sie ihre Kühnheit zuerst in einer großen Schießerei. Dann beschämte sie ihn, daß er sich von einer Frau hatte einschüchtern lassen und entblößte zum Beweis ihren Busen. Anne Bonny vergaß John Rackham sofort, nachdem er vollkommen betrunken aufgegriffen und gehängt wurde. Mary hingegen beweinte ihn ihr Leben lang, auch noch im Gefängnis, in dem sie schließlich an hohem Fieber starb.

Später werden wir noch auf die vielleicht bekannteste Gestalt unter den Piratinnen zu sprechen kommen, die Chinesin Ching. Diese Dame lebte in den ersten Jahren des 19. Jahrhunderts. Nicht weniger als sechs Schiffsgeschwader standen unter ihrem Befehl. Jedes Geschwader kämpfte unter einer eigenen Flagge: rot, gelb, grün, blau und weiß. Dem Geschwader, das ihr direkt unterstand, gab die Dame Ching die schwarze Flagge. Man nannte sie nicht zu Unrecht die „Geißel der Meere des Fernen Ostens".

dung des Hofes sind nicht in die Geschichte eingegangen. Romantisch und grausam ist die Geschichte zweier Piratinnen, die sich beide um das Herz desselben Mannes stritten, des schrecklichen John Rackham, genannt Calico-Jack: das waren Anne Bonny, Lebengefährtin von John und Pistolenheldin ohnegleichen, und Mary Read, der es gelang, sich so überzeugend als Mann auszugeben, daß sie viele Jahre hindurch im Dienst des britischen Heeres und der britischen Marine stand, ohne daß jemand den Betrug bemerkt hätte. Als jedoch eines Tages ein Freibeutergefährte sie beleidigte,

Die Seeräuber
des Ärmelkanals

Oben: Der berühmteste Pirat des Mittelalters war der französische Mönch Eustachius. Er wurde von den Schiffen des Fünf-Häfen-Bundes gefangengenommen und auf Befehl Heinrichs III. von England enthauptet. Dieser Bund wurde wie die Hanse zum Schutz gegen die Piraten gegründet. Die Kaufleute dieser Häfen hatten ganz besonders unter den Seeräubern zu leiden.

Bereits zu Zeiten Cäsars (1. Jahrhundert v. Chr.) waren die Küsten Britanniens mit ihren tausend Buchten und Felsnasen voll von Piratennestern. Viele der Piraten waren Inselbewohner, andere kamen vom Festland, vor allem aus der Bretagne. Die bretonischen Schiffe hatten so massive Rümpfe, daß nicht einmal die Rammsporne der römischen Kriegsschiffe gegen sie etwas ausrichten konnten und Cäsar auf die alte Methode zurückgreifen mußte, die Wanten der gegnerischen Schiffe mit besonderen Haken zu durchtrennen. Nach Cäsar gelang es der römischen Flotte in England nie ganz, der immer wieder auflebenden Piraterie Herr zu werden. Im Jahre 300 n. Chr., unter dem römischen Kaiser Maximimus, versetzte der in Britannien geborene Heerführer Caurasius der eigenen römischen Flotte einen schweren Schlag: er lief zu den Piraten über und wurde König der Seeräuber auf dem Kanal. Nach dem Zusammenbruch des weströmischen Reiches wurde der Ärmelkanal zum unangefochtenen Revier von Piraten, die unter allen möglichen Flaggen segelten: Wikinger, Pikten, Sachsen und Schotten.

Die erste regelrechte Flotte gegen die Piraten rüstete König Alfred der Große im Jahr 897. Er war ein erbitterter Feind der wikingischen Seeräuber und verbot jegliche Verbindung zu ihnen. Wer ihnen aus Angst oder aus Bequemlichkeit Tribut zahlte, wurde hart bestraft. Sein Neffe Ethelstan führte den Kampf gegen die Wikinger fort. In der ersten Seeschlacht der englischen Geschichte besiegte er die Flotte seiner Piratenfeinde und kaperte neun von ihren Schiffen. Nach seinem Tod kamen um 900 Wikinger aus Dänemark nach England. König Ethelred, genannt der „Unberatene", schloß zehn Jahre lang mit ihnen demütigende Kompromisse, bis seine Untertanen ihn vom Thron verjagten. Die Dänen zwangen nun den Engländern ihre Herrschaft und ihre Gesetze auf.

Im 14. Jahrhundert waren im Ärmelkanal Piraten aller Nationen vertreten. Das Meer gehörte dem, der es sich nahm. Englische, irische, normannische und schottische Seeräuber brachten die Handelsseefahrt fast zum Erliegen. Schließlich wird um 1320 zur Bekämpfung der Piraten der Fünf-Häfen-Bund (eine ähnliche Vereinigung wie die Hanse) gegründet, dem Dover, Hythe, Romney, Hastings, Sandwich und später noch weitere Städte angehören. Der König stellte sich hinter den Bund und gewährte seinen Mitgliedern Sonderrechte, darunter das Recht, jedes fremde Schiff, das den Kanal überquerte, zu plündern.

Auch die Franzosen trieben viel Piraterie auf dem Kanal. Am meisten gefürchtet waren die Piraten aus der Normandie, die der englische Admiral und Pirat John Hawley „pestverbreitende Kanaillen" nannte. Sie zerstörten Dartmouth, und ihr größter Ehrgeiz war, ihre bretonischen Landsleute zu übertrumpfen, die von der schönen Jeanne de Belleville, der Witwe des zu Unrecht enthaupteten Olivier de Clisson, angeführt wurden.

Geschichtlich gesehen wäre es jedoch falsch, in den Piratenkämpfen im Ärmelkanal nur einen Wettstreit zwischen mehr oder weniger gut organisierten Banden zu sehen. Das Seeräuberwesen ist immer eng mit der Geschichte der großen Nationen verbunden gewesen. Mit mehr oder weniger heimlichen und mehr oder weniger rechtmäßigen und großzügigen Unterstützungen, die manche Könige einzelnen Seeräubern oder Seeräuberflotten zukommen ließen, sind immer machtpolitische Ziele verfolgt worden. Der Kampf zwischen dem Fünf-Häfen-Bund und den Bretonen war eine Folge des langen Krieges zwischen Frankreich und England um die Herrschaft über die Bretagne. Die Piraterie im Ärmelkanal nahm solche Ausmaße an, daß Heinrich IV. von England mit Spanien und Frankreich einen Vertrag schloß, in dem alle drei Mächte sich verpflichteten, keine Piraten mehr in ihre Dienste zu nehmen. Aber alle Verträge und Gesetze nutzten wenig. Immer wieder fanden die Piraten einen Weg, sie zu umgehen. Bis zur Entdeckung Amerikas blieb der Ärmelkanal das bevorzugte Gebiet der europäischen Piraten.

Unten links: Im Jahre 1340 vernichtete die Flotte Eduards III. von England die französische Flotte vor der Stadt Ecluse. (Miniatur aus den „Chroniken" des Froissart, Paris, Nationalbibliothek.)
Unten rechts: 1558 eroberten die Franzosen den am Ärmelkanal gelegenen Hafen Calais von den Engländern zurück. (Zeitgenössische Miniatur, Paris, Louvre.)

Das Recht
auf Vergeltung

Oben links: Die Flagge der Republik Venedig mit dem geflügelten Löwen des Heiligen Marcus und der Bibel mit einem Wahlspruch. Rechts: Blatt aus einer Gedichtsammlung des spanischen Königs Alfons X. aus dem 13. Jahrhundert. Es zeigt die Abenteuer eines spanischen Kaufherrn, der auf seinen Reisen Gefahren aller Art, nicht zuletzt auch Piratenüberfällen, begegnet. Gerettet wird er durch ein Gelübde, das er der Heiligen Jungfrau macht. (Madrid, Bibliothek des Escorial.)

In der Mitte des 14. Jahrhunderts war das Piratenunwesen im Mittelmeer so ausgeartet, daß ein Handel kaum noch möglich war. Um dieses Übel endlich auszurotten, dachte man sich eine gesetzliche Handhabe aus, die sich dann allerdings als sehr gefährlich erwies. Die führenden Männer der Republik Genua bildeten ein „Officium Roberie" oder „Rauberiae", das ermächtigt wurde, den Schiffen der Kaufleute sogenannte „Vergeltungsbriefe" auszustellen, nach denen sich jeder Kapitän für durch Piraten erlittene Verluste schadlos halten konnte, indem er andere Piraten angriff und ihre Schiffe plünderte. Einzige Bedingung für die Ausübung dieser „Rechte": die Piraten mußten dieselbe Nationalität haben wie diejenigen, die den Genuesern den Schaden zugefügt hatten. Diesem Beispiel folgten im Jahre 1457 die Engländer unter Heinrich VI., als für die englische Seefahrt und den Handel in englischen Gewässern schlechte Zeiten angebrochen waren. Auf dem Kanal fuhren kaum noch Handelsschiffe. Aus diesem Grunde wurden ähnlich wie in Genua Vergeltungsbriefe ausgestellt: Wer einen solchen Brief vorweisen konnte, war ermächtigt, sich für durch Piraten erlittene Verluste an Schiffen, die die gleiche Flagge wie das Piratenschiff führten und sich ebenfalls wie ein Piratenschiff verhielten, schadlos zu halten und diese aufzubringen. Aber dieses „Recht auf Vergeltung" machte alles nur noch schlimmer. Es lief auf eine Verfolgung aller ausländischen Schiffe hinaus. War ein englisches Schiff von einem bretonischen aufgebracht worden, wurden sämtliche französischen Schiffe zur freien Beute.

Auch der König von Schottland, James IV., räumte einem seiner Untertanen das Recht ein, Piraten auf diese Weise zu verfolgen. Der Kaufmann Andrew Barton, der durch portugie-

Oben: Ansicht von Venedig mit seinen vielen Inseln im 17. Jahrhundert. (Vatikanisches Museum, Rom.) Die Schiffe der reichen Seehandelsrepublik Venedig lockten die Piraten auf allen Schiffahrtsrouten des Mittelmeers an.
Unten: So sahen die mit Gewürzen und anderen kostbaren Waren beladenen Handelsschiffe aus, die im 13. und 14. Jahrhundert im Mittelmeer und in den nördlichen Meeren von Piraten verfolgt wurden.

sische Piraten eine Ladung verloren hatte, rüstete eine ganze Flotte mit Waffen aus und machte sich im Kanal und in der Nordsee auf die Jagd nach portugiesischen Schiffen. Aber er fand keine Portugiesen. Da kümmerte er sich nicht mehr um die Flaggen und machte sich an die Verfolgung von Schiffen aller Nationalitäten. In seinem Eifer, die Piraten zu bekämpfen, schoß er dermaßen übers Ziel hinaus, daß der König von England sich gezwungen sah, ihn von einigen Schiffen von der königlichen Kriegsmarine verfolgen zu lassen. Barton wurde den Fischen zum Fraß vorgeworfen und seine Schiffe in den Hafen von Blackswell geschleppt (1511). Ähnliches hatte sich in den vorhergehenden zwei Jahrhunderten schon oft ereignet. Immer wieder standen Spanien, Portugal, Frankreich und England den Kommandanten ihrer Kriegsflotten fast unbegrenzte Handlungsfreiheit auf dem Meer zu. So kam unter dem Deckmantel nationaler Gesinnung zur privaten Piraterie noch die Staatspiraterie. Der Sieg des bereits genannten John Hawley über die Bretonen und die nordfranzösischen Normannen wurde wie ein Staatsereignis gefeiert. Hawley war zum „Königlichen Kommissar zur Bekämpfung des Piratentums" ernannt. Er nutzte das ihm verliehene Amt, um Seeraub auf eigene Rechnung zu betreiben. Ähnlich erfolgreich war auch der Piratenführer Harry Pay, dessen Jagdgebiet bis nach Gibraltar reichte und der wegen der Orgien, mit denen er seine Siege feierte, berühmt geworden ist.

Triumph des Halbmonds

Vom 14. bis zum 16. Jahrhundert erreichte das Reich unter dem Halbmond den Höhepunkt seiner Macht, die nach der Niederlage von Lepanto 1571 ihrem Ende zuging. Abgesehen von der kurzen karolingischen Epoche, in der Europa eine gewisse Einigkeit kannte, ist dieses Zeitalter von Uneinigkeit zwischen den europäischen Mächten geprägt. Dieses politische Chaos kam den Eroberungsplänen der Araber entgegen. Mit dem Ziel, bis in das deutsche Reich vorzustoßen, drängten ihre Heere über den Balkan und Spanien nach Norden. An den Auseinandersetzungen zwischen Islam und Christentum waren alle Herrscher der Epoche beteiligt: Karl V. von Deutschland, Philipp II. von Spanien, Heinrich IV. von Frankreich, Elisabeth I. von England, der Sultan Saladin von Ägypten und Syrien, der türkische Sultan Suleiman der Prächtige, Papst Pius V., der Mongolenfürst Tamerlan und die Brüder Barbarossa, Herrscher in Algerien.

Als die großen Landschlachten gegen die vordringenden Araber bereits geschlagen waren, wurde der „Heilige Krieg" noch zur See weitergeführt. Für die Muslims gehörte die Piraterie zum Kampf gegen das Christentum. Sie entwickelten ein organisiertes Piratenwesen, das ihre Herrscher nicht nur gegen die verhaßten Christen, sondern auch für politische und wirtschaftliche Ziele einsetzten. Die muslimischen Korsaren unternahmen ihre Raubzüge vor allem von der Barbareskenküste aus, dem Westteil der nordafrikanischen Küste. Auch für die Sache der Christen kämpften Korsaren. Sie hatten ihren Stützpunkt auf der Insel Malta.

Überall an den Küsten Nordafrikas entstanden befestigte Häfen, von denen aus die Piratenflotten operierten. Berühmt geworden ist die Festung Peñon vor Algier, die mit dem Festland durch einen heute noch stehenden Damm verbunden war.

Seegefecht zwischen einer holländischen Flotte und Piratengaleeren der Barbaresken im Mittelmeer. Wie die Mauren und Sarazenen waren die Barbaresken islamische Piraten. Bei ihren Abenteuern lösten sich Taten von unerhörter Grausamkeit ab mit Gesten von edler Großmut. Sie nutzten das Durcheinander von Bündnissen, die einige christliche Staaten untereinander eingingen, um andere christliche Staaten zu bekämpfen. (Gemälde eines unbekannten Malers aus dem 17. Jahrhundert. Marine-Museum von Greenwich.)

Der Sklavenhandel

Der Besitz vieler Sklaven bedeutete bei allen Völkern der Antike nicht nur Reichtum, sondern auch hohes Ansehen. Auf dem Sarkophag des ägyptischen Pharaos Haremheb sind auf den aufgemalten Schuhsohlen zwei gefesselte Sklaven abgebildet. Sklaven galten als genauso kostbare Ware wie Edelsteine oder Spezereien, und das Piratenwesen aller Zeiten und aller Völker zog seinen Nutzen aus dieser unerschöpflichen Quelle des Reichtums. Selbst die christlichen Orden, die gegründet wurden, um Sklaven loszukaufen, betrieben schließlich diesen traurigen Handel selbst. Die Blüte des Sklavenhandels geht Hand in Hand mit dem Triumph des Halbmonds und reicht von den Kreuzzügen bis ins 17. Jahrhundert hinein. Die großen Sklavenmärkte lassen sich in drei Gruppen einteilen: an der Küste Nordwestafrikas Algier, Tunis, Bejaia, Besistan und Tripolis, im östlichen Mittelmeer Konstantinopel, Smyrna und Rhodos und die christlichen Städte Venedig, Korfu, Pisa und Genua. Die Sklaven wurden auf Schiffen transportiert, deren Bau und Betrieb besonderen Gesellschaften übertragen wurde. Wurde ein solches Schiff von Sarazenen angegriffen, so hißten diese eine weiße Flagge, um zu zeigen, daß sie bereit waren, das Leben ihrer menschlichen Beute zu schonen und über ihre Freilassung gegen Zahlung eines Lösegeldes zu verhandeln. Die Gefangenen wurden zu dem Piratenstützpunkt gebracht. Dort wurden sie in unterirdische Gefängnisse gesperrt. Nur wer vermögend war, konnte sich freikaufen. Wer allerdings besondere Kenntnisse besaß, konnte jede Hoffnung auf Freiheit aufgeben. Ärzte und Schiffbauer waren am meisten gesucht. Alle anderen wurden ohne Unterschied als Ruderer auf die Galeeren geschickt. Damit begann ein kurzes, höllisches Leben. Zu viert, zu sechst oder zu acht an eine Bank und ein Ruder gekettet, mußten sie tage- und nächtelang rudern, nach einem Rhythmus, den der Kapitän bestimmte, und von der Peitsche des Rudermeisters angetrieben. Wer vor Erschöpfung starb, wurde von der Kette gelöst und ins Meer geworfen. Nach der Überlieferung ging es auf den christlichen Schiffen am grausamsten zu. Bei den Muselmanen wurde der Sklave nicht verachtet, er galt vielmehr als wertvoller Besitz und wurde daher mit der gleichen Fürsorge behandelt wie ein Arbeitstier. Man nannte ihn zwar „Hund" wie alle „Ungläubigen", aber man sorgte dafür, daß er gesund blieb, damit er möglichst viel leisten konnte. Bei den Christen wurden die Sklaven, die meist einem anderen Glauben anhingen, oft aus religiösem Fanatismus grausam behandelt. Zu den berühmtesten muslimischen Sklaven gehörten Dragut, ehemals Statthalter von Chair Ad Din (Barbarossa), der in die Gefangenschaft des christlichen Herrn Giannettino Doria geriet und nach vier Jahren auf der Galeere von Chair Ad Din befreit wurde. Berühmte christliche Sklaven waren bei den Muslims die Großmeister des Malteserordens Jean de la Valette, Miguel Cervantes und Vinzenz von Paul, seit 1619 Großalmosenier (Oberpfarrer) der Galeerensträflinge und „Vater der Sklaven". Verschiedene Institutionen bemühten sich um die Freilassung der Sklaven, doch fast

alle verfielen der Korruption und betrieben schließlich selbst Sklavenhandel. Während des ersten Kreuzzugs entstand der Johanniterorden, der auch „Ritterlicher Orden des hl. Johannes vom Spital zu Jerusalem" hieß. Nach kurzer Zeit verwandelte sich die Gemeinschaft, die sich ursprünglich der Krankenpflege widmete, in einen Ritterorden, häufte enorme Reichtümer an und trieb Sklavenhandel wie die schlimmsten Piraten. Der Hauptsitz des Johanniterordens wurde im 16. Jahrhundert Malta, seine Ritter hießen daher auch Malteser. Die Malteser Korsaren waren die erbittertsten Feinde der Piraten der Barbareskenküste, nicht weniger grausam, blutrünstig und gewinnsüchtig. Ähnlich wie die Malteser hielten es der Ritterorden der Templer, gegen die der heilige Bernhard von Clairvaux wetterte, und die Trinitarier, der „Orden der allerheiligsten Dreifaltigkeit vom Loskauf der Gefangenen".

Gegenüber: Die Füße des Pharaos Haremheb (um 1300 v. Chr.), die auf seinen Sarkophag gemalt wurden. Darauf erkennen wir zwei Kriegsgefangene, die für die Sklaverei bestimmt waren.
Oben: Christliche Sklaven, die den Türken ausgeliefert waren. (Holzschnitt von Ezhard Schoen.)
Unten: Die Türken ergeben sich den Truppen von Kaiser Karl V. und verhandeln über den Frieden. Dabei werden auf beiden Seiten zu Sklaven gemachte Gefangene losgekauft. (Ausschnitt aus einem Bild von Cornelius Vermeyen.)

45

Die beiden Rotbärte

Die ganze Wucht der Barbareskenmacht verbindet sich zu Beginn des 16. Jahrhunderts mit den Namen der beiden größten Anführer der islamischen Flotte: den Brüdern Barbarossa. Sie hießen so, weil sie rote Bärte hatten. Sie waren die Söhne eines griechischen Töpfers und traten bereits in früher Kindheit zum Islam über. Der ältere nannte sich Horuk (oder Arudsch), der jüngere Chair Ad Din.

Horuk verbrachte seine Jugend an Bord türkischer Schiffe, machte schnell Karriere und erhielt schließlich das Kommando über eine osmanische Flotte. Einen ersten Erfolg hatte er, als er zwei päpstliche Schiffe kaperte. Er lehnte sich gegen den Sultan in Konstantinopel auf und unternahm nun seine Piratenzüge auf eigene Faust. Dann bekämpfte er im Dienst des osmanischen Herrschers von Tunis die spanischen Stützpunkte in Nordafrika. Der spanische König Ferdinand schickte ihm seine Flotte entgegen und ließ auf der Insel Peñon vor Algier, dem größten Piratenhafen der Barbaresken, eine Festung anlegen. Horuk zog sich zurück. Erst nach dem Tode Ferdinands holte er zusammen mit seinem Bruder Chair Ad Din zum Gegenschlag aus. Algier wurde zurückerobert, und Horuk rief sich selbst zum *Bei*, zum Herrscher von Tunis, aus.

Noch steiler ist der Aufstieg des zweiten Barbarossa, Chair Ad Din. Dieser erfahrene Pirat, kühne Flottenführer und kluge Politiker unterhielt sein Leben lang beste Beziehungen zu seinem obersten Kriegsherrn, Sultan Suleiman I. von Konstantinopel. Eine Reihe von bekannten und gefürchteten Seeräubern, wie Dragut, Sinan, ein Jude aus Smyrna, und Aydin, bei den Spaniern unter dem Namen „Schrecken des Teufels" bekannt, dienten als Kapitäne in seiner Flotte. Im Jahre 1529 eilte er seinem Bruder Horuk zu Hilfe und stürmte die spanische Festung Peñon, deren Belagerung zwölf Jahre gedauert hatte. Sein nächstes Ziel war das Zentrum der Christenheit. Er führte seine Flotte durch die Meerenge von Messina nach Rom. Bei Überfällen an der tyrrhenischen

Oben: Die Seeschlacht von Punta Salvore zwischen Venezianern und Barbaresken, die im 14. Jahrhundert stattfand und bei welcher die Venezianer siegten. (Italienisches Fresko aus dem 15. Jahrhundert.)
Unten: Die beiden berühmtesten Piratenführer der Barbaresken, die Brüder Barbarossa. Links der ältere, Horuk, und rechts der jüngere, Chair Ad Din. Im Dienst des Osmanischen Reichs kämpften beide Piraten gegen die Spanier an der Küste Nordafrikas und gegen die christliche Vorherrschaft auf dem Mittelmeer.

Küste machte er reiche Beute und schickte Suleiman ganze Schiffsladungen mit Kostbarkeiten und Sklaven.

Um dem Treiben Chair Ad Dins Einhalt zu gebieten, schickte Karl V. von Spanien seine Flotte von 600 Schiffen unter dem Kommando des italienischen Seehelden Andrea Doria aus. Die Flotte Chair Ad Dins lag im Hafen von Bône vor Anker. Die Spanier nahmen Tunis ein, metzelten die Einwohner nieder und plünderten die Stadt. Zu einem Gefecht zwischen den Spaniern und den Piraten kam es nicht. Chair Ad Din segelte mit 27 Galeonen dicht an dem spanischen Flottenführer Andrea Doria vorbei und überfiel die Insel Menorca. Sultan Suleiman ernannte ihn zum Oberbefehlshaber der osmanischen Flotte. Als Andrea Doria 1537 vierzehn Schiffe Chair Ad Dins kaperte, antwortete der Pirat mit Vergeltungsschlägen an den Küsten Italiens. Er verwüstete Korfu, schlug eine venezianische Flotte, die mit den Spaniern und dem Papst verbündet war, und sandte Suleiman einen Teil der Beute: 400 000 Goldstücke, 1000 junge Mädchen, 1500 Knaben. Karl V. schickte eine weitere Flotte aus, zu der auch noch die Schiffe Heinrichs VIII. von England stießen. Andrea Doria wurde bei Prevesa (Albanien) geschlagen. 1541 versuchte Karl V. noch einmal, die osmanische Vorherrschaft auf den Meeren zu brechen. Doria ließ seine Flotte Kurs auf Algier nehmen, doch wegen der Herbststürme riet er dem Kaiser ab, sich auf eine Schlacht einzulassen. Karl V. bestand auf dem Angriff, denn er rechnete fest mit dem Sieg seiner 500 Schiffe. Die Schlacht wurde zur Katastrophe. Die christlichen Gefangenen waren so zahlreich, daß sie in Algier billiger gehandelt wurden als Zwiebeln. In den letzten Jahren seines Lebens verbündete sich Chair Ad Din mit Frankreich, wo seine Flotte über ein Jahr lang auf Kosten des Königs in Marseille, Nizza und Toulon Aufnahme fand.

47

Die Feuertürme

Überall an der Mittelmeerküste stehen noch heute „Feuertürme": zu beiden Seiten einer Buchteinfahrt, auf Küstenvorsprüngen und auf Inseln. Sie sind Zeugen der ständig drohenden Gefahr der Piratenüberfälle, die die Mittelmeerküsten bis ins 19. Jahrhundert hinein in Angst und Schrecken versetzten. Die Küstenbewohner mußten stets damit rechnen, daß Seeräuber ihr Dorf oder ihre Stadt zum Ziel ihrer Beutefahrten machten. Zum Schutz gegen die Piraten verstärkten viele Küstenstädte ihre Mauern. Manche Orte wurden aufgegeben und weiter im Landesinnern neu gegründet. Überall aber baute man zur Abwehr der Piratenüberfälle „Feuertürme", Wachttürme, von denen aus die Küstenbewohner das Meer überblicken und beim Herannahen eines Piratenschiffs rechtzeitig Alarm schlagen konnten.

Oben auf einem Turm hing ein Eisenkorb an einer Stange. Darin war ein Armvoll Stroh oder Heu, das man mit Pech getränkt hatte: Eine helle Flamme im Dunkel der Nacht oder Rauchschwaden, die bei Tag zum blauen Himmel aufstiegen – dann wußte jeder, daß am Horizont Piratenschiffe aufgetaucht waren. Diesen Brauch haben vermutlich schon die alten Griechen und Römer gekannt, ganz sicher kannten ihn aber die Araber und Byzantiner des frühen Mittelalters.

Es wäre interessant, wenn es eine Karte gäbe, auf der sämtliche Feuertürme eingezeichnet wären, die vom 8. bis zum 19. Jahrhundert an allen Mittelmeerküsten errichtet wurden. Noch heute gibt es Hunderte davon, und viele von ihnen sind gut erhalten. Wer um die ganze Apenninhalbinsel und um die größten italienischen Inseln segeln würde, könnte auch heute noch eine ganze Reihe davon bewundern. Sie liegen an landschaftlich reizvollen Küsten und sind nicht zuletzt auch deswegen interessant, weil sie Aufschluß über den Festungsbau ihrer jeweiligen Epoche geben.

Diese Türme waren rund oder quadratisch,

Wachtturm in Farinola auf Korsika. Hunderte dieser „Feuertürme" säumten die Küsten des Mittelmeeres, um die Bewohner mit Rauchsignalen oder Büchsenschüssen vor den unzähligen Piratenüberfällen zu warnen.

etwa zwanzig Meter hoch und hatten drei Stockwerke. Der kleine Vorplatz war mit einer Brüstung bewehrt, und das umliegende Gelände wurde von allem die Sicht behindernden Gestrüpp oder Gestein freigehalten. Zur ebenen Erde konnte man oft durch Falltüren in unterirdische Gänge und Treppen gelangen, die ins Dorf oder in die Wälder führten. Im Turm selbst hielten ständig mindestens fünf oder sechs Männer Wache: ein Anführer, ein paar Soldaten und ein Bote. Fast immer gehörten die Türme zu einem weitgespannten Verteidigungssystem, das sich meilenweit die Küste entlangzog und auch ins Hinterland hineinreichte. Die Verbindung wurde auf verschiedene Weise gesichert: mit Sicht- oder akustischen Zeichen – zum Beispiel Büchsenschüssen, Hornsignalen, Rauchsignalen – und vor allem mit Männern, die meist zu zweit zwischen den

Oben: Wachtturm auf Sardinien, der eine gute Aussicht gewährt.
Unten: Wie viele Städte mußte diese spanische Küstenstadt gegen Ende des 15. Jahrhunderts zum Schutz gegen Piraten ihre Mauern verstärken.

Türmen und den Dörfern hin und her pendelten. Wenn Feuertürme fehlten, läuteten die Glocken der Kirche, sobald sich Piraten der Küste näherten. Das berichten jedenfalls die Genueser Chroniken über die Kirche von Quarto.

Diese Wachttürme waren bei den Seeräubern so verhaßt, daß sie oft schon versuchten, sie zu zerstören, wenn sie noch im Bau waren. So erging es der „Torre Piana" auf Sardinien, die noch vor ihrer Fertigstellung von vierhundert Barbaresken angegriffen und von hundert ortsansässigen Fischern und Bauern zäh verteidigt wurde.

Bisweilen suchten die Wächter sich einen Nebenverdienst, um ihren mageren Lohn aufzubessern. Am liebsten beherbergten sie reisende Händler und Pilger in den Türmen. Es gab jedoch Gesetze, die empfindliche Strafen vorsahen, wenn sie ihre Wachsamkeit vernachlässigten. Die letzten dieser Türme wurden zu Beginn des 19. Jahrhunderts errichtet, also in der Zeit, als die Barbaresken ihre letzten Piratenfahrten unternahmen.

Die Sarazenen auf dem Festland

Über die Taten der sarazenischen Piraten in Italien, Spanien und Frankreich haben die Historiker zahlreiche Zeugnisse gesammelt. Die meisten der unzähligen Piratenzüge, die sie zu Land und zur See unternahmen, sind in die Welt der Dichtung und Legenden eingegangen. Als recht zuverlässige Quelle gelten die Berich-

te des Bischofs von Cremona, Liutprand, der im 11. Jahrhundert lebte und Zeitgenosse der damaligen Sarazeneneinfälle war. Diese Berichte sind besonders interessant, weil sie beschreiben, wie die Sarazenen nicht nur auf dem Meer, sondern auch auf dem Festland eine Rolle spielten. So berichtet Liutprand von einer kleinen Schar von etwa zwanzig Sarazenen, die sich, von Spanien kommend, auf kleinen Schiffen der Bucht von Saint Tropez in der Provence näherten, die damals ,Bucht von Grimaldi' hieß. Sie gingen so vorsichtig zu Werk, daß niemand ihre Ankunft bemerkte. Sie drangen in den Wald ein, der bis zum Ufer heranreichte,

Diese Bilder zeigen Szenen eines Sarazenenüberfalls.
Nach Tradition und Brauch gingen die Sarazenen dabei meist in drei
Schritten vor: Landung und Angriff auf den Ort, Gefangennahme der
Bewohner und Verhandlung über ihre Freilassung.
Oft beschränkten sich die Piraten dabei auf das Entern der
vor Anker oder im Hafen liegenden Schiffe. Häufiger aber war
die Stadt und ihre Bewohner Ziel des Überfalls. Im zweiten Schritt
plünderten die Piraten die Stadt und nahmen die Bewohner gefangen. Wurden auf See geenterte Schiffe ausgeraubt und vernichtet
oder mitsamt der ganzen Ladung gekapert, so plünderten die
Sarazenen an Land Häuser, Kirchen und Klöster, ja ganze Dörfer.
Alles, was wertvoll war oder so aussah, wurde mitgenommen. Im
letzten Schritt ging es darum, die Beute zu Geld zu machen. Das
konnte an Ort und Stelle oder auch woanders geschehen. Oft
konnten die Piraten nicht die ganze Beute und vor allem die
Gefangenen mitnehmen, weil ihr Schiffsraum nicht ausreichte. Dann
zogen sie es vor, an Ort und Stelle und ohne Zwischenhändler über
das Lösegeld zu verhandeln.

und erklommen die Anhöhe, von der aus man die ganze Bucht überblicken konnte. Als sie sicher waren, daß sie nicht verfolgt wurden, drangen sie in die Ortschaften und töteten die Einwohner. Bald darauf stießen noch andere Sarazenen zu ihnen. Jetzt errichteten sie Türme und Burgen. Am stärksten befestigt war die Burg von Frassinello am Fuße der Alpen. Von diesem Stützpunkt aus machten sie sich daran, das gesamte Gebiet plündernd zu durchstreifen. Dabei verbreiteten sie so großen Schrecken, daß ganze bewaffnete Einheiten die Flucht ergriffen, sobald auch nur einer von ihnen auftauchte. Ihre Eroberungsgier war unersätt- lich, und sie stießen noch weiter ins Land vor. Sie gelangten bis zum Mont Cenis, nach Susa und Oulx. Besonders reiche Beute machten sie in den zahlreichen Klöstern und Abteien. Sie drangen bis ins Piemont und nach Monferrato vor und verwüsteten Acqui. In Marseille und Aix steckten sie die Kathedralen in Brand und köpften jeden, der ihnen Widerstand leistete. Sie kamen bis in die Walliser Alpen und nach Graubünden. Während König Hugo von Italien sich in der Lombardei mit Berengar, dem Markgrafen von Friaul, um die italienische Krone stritt, beherrschten die Sarazenen sein Land mit Feuer und Schwert. Liutprand berich- tet weiter, daß die Sarazenen dann bei einem neuen Vorstoß bis an den Sankt Bernhard gelangten. Sie nahmen den Berg und den Paß ein, wo einige Jahre später das berühmte St. Bernhard-Kloster erbaut werden sollte. Sie fielen in Ligurien ein und hißten ihre Flagge in Nizza und in Genua. Der Bischof von Cremona schließt seinen Bericht mit folgenden Worten: „Um seinen Thron zu verteidigen, ließ König Herodes viele Unschuldige sterben. König Hugo jedoch ließ mit derselben Absicht schreckliche Verbrecher in Freiheit. Eine schöne Art ist das, sich um sein eigenes Land zu kümmern!" Dieser Bericht kann als klassisches Beispiel für einen Sarazeneneinfall gelten. Längst nicht immer nahmen die Unternehmun- gen dieser Piraten ihren Anfang und ihr Ende auf dem Meer. Häufig kamen sie an Land und begannen von der Küste aus Raub- und Erobe- rungszüge, die sie weit ins Landesinnere führten.

Festungen
und Kanonen

Die Feuertürme konnten die Bevölkerung zwar vor den Piraten warnen, aber zum Widerstand waren sie nicht geeignet. So errichtete man Zitadellen oder Festungen, wo eine Insel, eine Meerenge, eine Bucht, ein Gebirgspaß, ein Straßenknotenpunkt oder eine Stadt zu verteidigen waren. Die größten christlichen Festungen standen auf Rhodos, Zypern und Malta; gegen sie richteten sich immer wieder die Angriffe des Halbmonds. Die Festung Rhodos gehörte den Rittern des Johanniterordens. Sie bestand aus zahlreichen Rund- und Vierecktürmen, die durch lange, hohe und dicke Wehrgänge miteinander verbunden waren. Sie fiel im Jahre 1522 nach langem Kampf. Suleiman II. hatte das Kanonenfeuer auf die Bollwerke eröffnet und Sprengladungen an die Grundmauern gelegt. Fünfzig Jahre später fiel Zypern. Jahrhundertelang war die Insel im Besitz der Venezianer, die diesen wichtigen Handels-

stützpunkt verteidigten. 1571 richteten die Türken unter Ali Pascha ihre Kanonen auf die Festung Famagusta. Sie wurde zerstört und der venezianische Oberbefehlshaber Bragadin gemartert und getötet. Nur Malta konnte sich gegen die Türken behaupten. 1565 schlossen sich alle islamischen Streitmächte zusammen, um die Insel im Sturm einzunehmen. Aber die Festungsmauern hielten den Belagerern stand. Das Kastell Elmo, das Fort San Michele und die Wehrgänge von Borgo und Kastell Sant'Angelo blieben unbesiegt. Gegen ihre Mauern war selbst die Riesenkanone „Morlacco" machtlos. Ihre Kugeln waren zentnerschwer, und sie war bereits 1522 auf Rhodos eingesetzt worden. „Die Türme", hatte Suleiman ausgerufen, „werden schon beim Dröhnen meiner Kanonen zusammenstürzen!" Doch diesmal folgte auf das Dröhnen der Kanonen eine große Niederlage der Türken. Eine andere christliche Festung war Korfu. 1537 wurde sie von Chair Ad Din angegriffen und einen ganzen Monat unter Beschuß gehalten. Allerdings konnten die Geschütze nur sieben Schuß pro Tag abfeuern. Das machte den Rotbart Chair Ad Din ungeduldig, und er brach die Belagerung ab. Chair Ad Din und seine Piraten hatten ihre Kühnheit schon bewiesen, als sie 1529 zusammen mit dem anderen Rotbart, Horuk, die spanische Festung Peñon vor dem Hafen von Algier nach zwölfjähriger Belagerung erobert hatten. In den letzten zwei Wochen der Beschießung war es ihnen gelungen, eine Bresche in die Mauern zu schlagen und in die Festung einzudringen. Sie machten die Spanier zu Sklaven und schleiften die Festung. Wie groß sie war, ahnt man erst, wenn man sich vor Augen hält, daß die spanischen Sklaven zwei Jahre brauchten, um die Felsblöcke der Festungsmauern zum Hafen von Algier zu transportieren. Daraus bauten sie den Hafendamm, der heute noch steht.
Alle diese Festungen wurden mit großkalibrigen Geschützen verteidigt, von denen Suleiman eine so hohe Meinung hatte und über die Montaigne sich nur lustig machte. Der französische Philosoph erklärte über die Riesenkanone „Morlacco" und ihre sieben Schüsse pro Tag: „Lachhaft! Noch ein paar Jahre und man hat sie vergessen. Davon platzt das Trommelfell, aber

die Festungsmauern bleiben stehen." Aber er hatte sich geirrt: man hatte die „Morlacco" nicht so schnell vergessen. Die Riesenkanone explodierte zwar, weil man sie mit zu großen Geschossen geladen hatte, aber sie wurde zum Vorläufer für andere feste und bewegliche Kanonen: aus Holz, aus Eisen, aus Bronze, als Hinterlader und als Vorderlader, mit Kugeln aus Stein, aus Eisen und aus Blei.

Auch die Schiffe dieser Zeit waren mit Geschützen bestückt. Die kleineren hatten meist je eine Kanone an Heck und Bug. Auf den größeren, vor allem auf den Galeonen, gab es sie auch an den Längsseiten. Sie schossen aus Geschützpforten, die im Gefecht geöffnet wurden.

Gegenüber: Bombarde aus Perugia mit Steinkugel. Mit diesen schweren Geschützen konnte man über Mauern hinweg ins Innere von Festungen und Städten treffen.

Oben: Frühe Hinterlader-Geschütze. Unten: Stadt und Hafen Algier (Stich aus dem 17. Jahrhundert). Im Vordergrund die kleine Insel Peñon mit der Festung und dem Damm zur Stadt.

Links: Auslaufen der Karavellen des Kolumbus (Zeitgenössischer Wandteppich). Auch der Entdecker der Neuen Welt wurde auf seiner Heimfahrt von Piraten überfallen. Später wurden die mit Gold beladenen Schiffe der „Konquistadores", der spanischen Eroberer, vor allem von französischen und englischen Piraten angegriffen. Sie mußten darum in bewaffneten Geleitzügen fahren.

Gold aus Amerika und Asien

Während Osmanen und Barbaresken auch nach der Niederlage von Lepanto ihre Seeräuberei im Mittelmeer weitertrieben, wurde am anderen Ende der Welt, im nördlichen Südamerika, Eldorado, das sagenumwobene Land des Goldes entdeckt. Die ersten, die dort ihre Flagge hißten, waren die Spanier. Sie schenkten dem genuesischen Seefahrer Christoph Kolumbus Glauben, der überzeugt war, den kürzesten Seeweg nach Indien zu finden, wenn er in westlicher Richtung über den Atlantik segeln würde. Er entdeckte statt dessen Amerika.

Die Eroberung des neuen Erdteils war für die Spanier leichter und einträglicher als der lange Kampf um die Vorherrschaft in Europa, den Spanien gegen Frankreich, England, die italienischen Handelsrepubliken und selbst gegen die islamischen Piraten führte. In wenigen Jahrzehnten brachten sie auf dem Rücken ihrer Pferde aus den unwegsamen Bergen Mexikos und Perus oder aus den Wüsten und Urwäldern Floridas, von den Antillen oder aus Panama unvorstellbare Schätze zu den Galeonen, die schwerbeladen nach Cadiz zurückfuhren.

Gold und Silber, Smaragde, Diamanten, Korallen, unbekannte Nutzpflanzen, Tiere und seltene Pelze machten Spanien reich, und Ferdinand II. konnte als einziger Herrscher auf der Erde behaupten, daß in seinem Reich, das sich über beide Erdhälften erstreckte, „die Sonne nie untergeht". Christoph Kolumbus, der, wenn auch durch einen Zufall, zum Entdecker Amerikas und damit so großer Reichtümer wurde, hatte keinen einzigen Vorteil davon. Im Gegenteil, man verwehrte ihm seinen Anspruch, und er starb arm und verlassen.

Edelsteinen als dem Gewürzhandel. Vor allem wegen des Pfeffers setzte Kolumbus Segel, um den Seeweg nach Indien zu suchen, und viele der großen Entdeckungsfahrten nach Kolumbus wurden unternommen, um neue Länder für den Gewürzhandel aufzutun. Bis zur Entdeckung der Neuen Welt hatten die Venezianer das Monopol in diesem Handel. Mit der Eroberung Amerikas traten Spanien und Portugal an die Stelle von Venedig. Streitig gemacht wurde ihnen ihre Vormacht von England, Frankreich, Holland und . . . den Piraten aller Nationen. Das „Gold", das kostbare Metall oder die Gewürze der neu entdeckten Länder, ließ eine neue Art von Seeräubertum entstehen, neben dem sich die Unternehmungen der Piraten des Mittelmeeres als harmlose Räubereien ausnahmen.

Oben: Die mexikanische Prinzessin Malinche dolmetscht zwischen einem eingeborenen Botschafter und dem Eroberer Mexikos, Hernán Cortez. (Aus dem „Codex" des Diego Durant, 16. Jahrhundert.)
Rechts: Das Ende des mexikanischen Königs Montezuma II. Die Spanier zwangen ihn zur Unterwerfung unter die spanische Krone. Er starb in Gefangenschaft. Sein Leichnam wurde ins Meer geworfen.

Spricht man im Zusammenhang mit der Geschichte der großen geographischen Entdeckungen von Gold, denkt man meist an das gelbe Edelmetall, das von jeher gleichbedeutend war mit Reichtum und Macht. Das „Gold", das die Menschen damals antrieb, die Segel zu hissen und den Vorstoß ins Unbekannte zu wagen, war aber etwas anderes: Gewürze, die in der Küche, in der Heilkunde oder als Genußmittel gebraucht wurden und die den Kaufleuten, die damit handelten, großen Reichtum brachten. Das erste Gewürz, das schon in der Antike durch Karawanen aus Asien nach Europa kam, war der Pfeffer. In römischer Zeit wurde er in Gold aufgewogen und im Mittelalter begründete er den Reichtum vieler Kaufleute, die man darum auch „Pfeffersäcke" nannte. Andere Gewürze waren im Altertum Zimt und Safran. Viele Staaten, die zwischen dem 12. und 16. Jahrhundert zu großem Reichtum kamen, verdankten dies weniger dem Handel mit Gold und

55

Französische Freibeuter

Die ersten Überfälle auf spanische Galeonen fanden schon bald nach der Entdeckung Amerikas vor der spanischen Atlantikküste statt. Als Kolumbus 1497 von seiner dritten Reise zurückkehrte, wurden seine Schiffe von einem Piraten angegriffen, dessen Name uns nicht überliefert wurde. Man weiß nur, daß dieser Einzelgänger ein Franzose war. Das läßt vermuten, daß es sich um einen Freibeuter gehandelt hat, der im Auftrag und mit Kaperbriefen des Königs von Frankreich die spanische Flotte überfiel. Jedenfalls waren Frankreich und Spanien schon zu dieser Zeit Rivalen um die Vorherrschaft in Europa. Die Entdeckung des Goldlandes Amerika durch die Spanier hatte den Neid der Franzosen hervorgerufen. Es wurmte sie, daß sie bei einem so gewaltigen Unternehmen nicht die ersten gewesen waren. Anstatt sich wie die Portugiesen an den Eroberungen in der Neuen Welt zu beteiligen, zogen die Franzosen den Piratenkrieg vor, um sich einen Anteil an den neuen Reichtümern zu holen. Der erste Pirat auf dem Atlantik zwang Kolumbus, mit seinen Schiffen auf Madeira Schutz zu suchen und dort abzuwarten, bis der „Feind" aufgab und beidrehte. Einen zweiten, wesentlich entschlosseneren Anschlag unternahm im Jahre 1522 ein Reeder aus Dieppe, ein gewisser Jean Ango. Diesmal bekamen die Spanier zu spüren, wie ernst es den Franzosen mit ihrem Neid war. Ango und sein ebenso tüchtiger Sohn wurden von Franz I. offiziell dazu ermächtigt, acht stattliche Schiffe auszurüsten. Das Kommando übertrug er seinem treuen Kapitän Jean Fleury. Die kleine Flotte wartete geduldig vor den Azoren auf einen der vielen spanischen Geleitzüge, die reich beladen aus Amerika heimkehrten. Fleury brachte zwei Karavellen in seine Gewalt. Die Beute übertraf alle Erwartungen: die beiden Karavellen hatten nämlich nichts Geringeres geladen als den gesamten Schatz von Montezuma und der Azteken. Da waren Standbilder aus purem Gold, wunderbar gearbeiteter Schmuck, Gefäße und ein Smaragd, so groß, wie man ihn noch nie gesehen hatte. Fleury entdeckte in der Kapitänskabine eines der beiden Schiffe auch noch Seekarten des streng geheimgehaltenen Seeweges zu den Antillen und den Bericht, den Cortez, der Eroberer von Mexiko, dem König von Spanien sandte. Darin berichtet Cortez von seinen Taten und verspricht noch mehr Schätze. Mit diesen Karten segelten französische Freibeuter über den Atlantik und griffen die spanischen Schiffe und Stützpunkte in der Karibik an. Nach diesem Erfolg ließ Franz I. für Ango noch mehr Freibeuterflotten ausrüsten. Ango fiel jetzt nicht nur über spanische, sondern auch über portugiesische Schiffe her. Spanier und Portugiesen zitterten. Über den Besitz der neuentdeckten Gebiete und künftiger Entdeckungen hatten sie sich nach einem Schiedsspruch von Papst Alexander VI. geeinigt (Portugal erhielt Brasilien, Spanien den Rest). Aber sie hatten nicht damit gerechnet, daß französische Freibeuter auftauchen und den Transport der neuen Reichtümer ins Mutterland bedrohen würden. Sie mußten ihre Frachtschiffe von Kriegsgaleonen begleiten lassen, und die Dinge liefen eine Zeitlang wieder etwas besser: Franz I. gab den Freibeuterkrieg auf. Sein übereifriger Ango unternahm zwar noch ein paar erfolgreiche Kaperfahrten im Atlantik, war jedoch bei seinem Tod hochverschuldet.

Links: Die französischen Freibeuter Ango, Vater und Sohn. Mit der Entdeckung Amerikas ging das Zeitalter der kleinen und schnellen Karavellen zu Ende, und es kamen die schweren und größeren Galeonen auf, die mehr Schiffsraum für den Transport der Reichtümer der Neuen Welt ins Mutterland boten. Auf den Gedanken, ihnen die kostbare Ladung abzujagen, kam als erster ein unbekannter französischer Pirat. Dann sahen die beiden Reeder Ango in dieser Piraterie eine gute Möglichkeit, sich zu bereichern. 1522 kaperte ihr Kapitän Fleury zwei spanische Schiffe, die von Mexiko zurückkehrten: die Ladung war nichts Geringeres als der gesamte Montezuma-Schatz.

Oben: Schiffstypen aus dem 15. und 16. Jahrhundert. Von links nach rechts: eine Karavelle, eine Galeone und die berühmte französische Karracke *Henri Grâce à Dieu*.

Unten: Portugiesischer Hafen mit Karracken. Das erste Schiff links ist die *Santa Catarina do Monte Sinai*, eines der größten Kriegsschiffe jener Zeit (Gemälde von Cornelius Anthoniszoon, 1530.) Sie verfügte über sechs Decks und 140 meist kleinkalibrige Kanonen. Wie die Spanier bewaffneten auch die Portugiesen ganze Flotten, um die kostbaren Ladungen aus der Neuen Welt vor den Seeräubern zu schützen, die bei den Azoren auf der Lauer lagen.

Das Zeitalter der Galeone

Aus dem Wort „Galeere", das vermutlich von dem griechischen „galeos", Schwertfisch, kommt, haben sich die Bezeichnungen für verschiedene Schiffstypen entwickelt, die zwischen dem 14. und 18. Jahrhundert die Meere befuhren: Galeassen, Galeoten und Galeonen. Mit der Galeone ist die Geschichte der Rundschiffe abgeschlossen. Sie kam zur Zeit Karls V. auf und behielt dann bis zum Ende des 18. Jahrhunderts den Vorrang über alle anderen Schiffe. Sie sah majestätisch aus und hatte größere Ausmaße als frühere Schiffstypen. Sie wurde im Handelsverkehr und als Kriegsschiff eingesetzt. Sie hatte vier Masten und ein Galion, einen Schiffsschnabel, der sich schräg über den Vordersteven hinausschob. An Bug und Heck ragten turmähnliche Aufbauten auf. Für gewöhnlich war sie mit einem Dutzend Kanonen ausgerüstet. Man bevorzugte aus Bronze gegossene Kanonen; die eisernen explodierten leicht, und meistens beförderten die Kapitäne sie noch vor Antritt der Reise, aber nach dem üblichen Besuch des Admirals, über Bord. Zur Besatzung gehörten etwa einhundert Mann, die fünfzehn Offizieren und Unteroffizieren unterstanden. Dazu kamen mindestens einhundert Seesoldaten, die man heute Marine-Infanteristen nennen würde. Die berühmteste Flotte der

Zeit, die „unbesiegbare Armada" der Spanier, bestand zum großen Teil aus Galeonen, von denen einige ungewöhnlich groß und schwer bewaffnet waren.

Die Spanier benutzten die Galeonen vor allem für den Transport der Reichtümer aus Amerika nach Spanien. Nach der Weltumseglung Magellans (1522) wurden auch die Schätze des Fernen Ostens auf Galeonen geladen und über den Pazifischen Ozean nach Acapulco gebracht, von wo sie über Land nach Vera Cruz geschafft wurden. Hier wurden sie wieder von anderen Galeonen an Bord genommen und nach Spanien gebracht. Sie waren lockende Beute für Seeräuber, die ihnen vornehmlich in der Nähe von Puerto Rico und der berühmten Schildkröteninsel „Tortuga" auflauerten. Davon wird noch ausführlich berichtet.

Unser Bild unten zeigt drei Typen von Galeonen. Links, in Farbe, eine spanische Galeone, wie sie um die Mitte des 16. Jahrhunderts gebaut wurde. In der Mitte, gezeichnet, eine kleine holländische Galeone vom Ende des 16. Jahrhunderts. Rechts, gezeichnet und in Farbe, eine flämische Galeone und daneben eine kleine Kanone des Typs, mit der sie ausgerüstet war. Die Galeone ist eine Weiterentwicklung der genuesischen Karracke. Sie hatte vier bis fünf Decks und vier bis fünf Masten. Außerdem hatte sie an Heck und Bug hohe Aufbauten, die mit leichten Geschützen bestückt waren. Typisch für die Galeone ist der Galion oder Schiffschnabel. Die Bewaffnung bestand aus sechzig bis hundert Kanonen aller Kaliber. Sie standen hinter Geschützpforten, die im Gefecht geöffnet wurden. Durch die hohen Aufbauten an Heck und Bug lag der Schwerpunkt dieser Schiffe zu hoch, und so gerieten sie leicht ins Schlingern. Die Galeone war ein schwerfälliges Schiff und brach leicht auseinander. Im Kielraum stand fast immer Wasser, das durch kleine Lecks eindrang. Die Galeonen, die wegen technischer Fehler sanken, sind nicht zu zählen. Auf dem Grund sämtlicher Weltmeere liegen Wracks von Hunderten Galeonen, die im Sturm durch Havarie, aber meistens im Kampf mit Piraten untergingen. Als das Piraten- und Freibeuterwesen sich immer mehr ausbreitete, waren die Galeonen gezwungen, in Geleitzügen und unter militärischem Schutz zu fahren.

Die englischen Freibeuter

Oben links: John Hawkins, ein reicher Kapitän und Freibeuter, der sein Vermögen mit Negersklaven machte, die er an die spanischen Kolonien verkaufte. Rechts: Martin Frobisher, kühner Pirat in der Karibik und Entdecker von Polargebieten.

Besser als die französischen und nordafrikanischen Piraten sorgte eine Frau dafür, daß die Macht Spaniens nicht in den Himmel wuchs: Elisabeth I. von England. Ihre lange Regierungszeit hindurch, die gut dreiundvierzig Jahre dauerte, verfolgte sie das Ziel, ihre Nation zur ersten Seemacht der Erde zu machen. Um das zu erreichen, mußten die Engländer die spanische Kriegsflotte schlagen, die Karl V. aufgebaut und sein Sohn Philipp II. noch verstärkt hatte. Dazu gehörte auch, daß Königin Elisabeth I. Freibeuter duldete und sogar heimlich begünstigte. Sie unterschieden sich von Piraten nur durch eine hauchdünne Legalität. Ein von der Regierung ausgestelltes Dokument, der Kaperbrief, ermächtigte sie, feindliche Handelsschiffe zu plündern, ohne wegen Piraterie bestraft zu werden. Die englischen Freibeuter machten Jagd auf spanische und portugiesische Schatzschiffe aus der Neuen Welt. Zahllose Beschwerden von seiten der spanischen Kapitäne und Kaufleute liefen bei den englischen Botschaften und Konsulaten ein. Ein Name tauchte am häufigsten auf: der Freibeuter Vizeadmiral Thomas Wyndham, der mit seinen eigenen Leuten genauso grausam umging wie mit den Opfern seiner Kaperfahrten. Auf der langen Liste der englischen Freibeuter stehen die Namen George Clifford, Walter Raleigh, Martin Frobisher, Thomas Cavendish aus der Familie Killigrew, John Callys und John Hawkins nebst Sohn Richard. Eigentlich wollte Königin Elisabeth zu Beginn ihrer Herrschaft die Piraterie nicht dulden und setzte sich sogar dafür ein, daß sie aus dem Ärmelkanal verschwand. Später wurde sie jedoch nachgiebiger,

Oben: Sir Walter Raleigh. Freibeuter und Schriftsteller, unternahm Piratenfahrten nach Spanisch-Westindien. Er war ein Günstling von Königin Elisabeth I. und eroberte für sie die Kolonie Virginia in Nordamerika.

Unten: Gefecht zwischen spanischen Galeonen und den Schiffen des Freibeuters Hawkins bei San Juan de Ulloa (heute an der mexikanischen Küste). Es war die erste Auseinandersetzung zwischen Spanien und England in der Neuen Welt.

wenn ihr auch nach außen hin stets daran gelegen war, den Eindruck zu erwecken, als wolle sie weniger Piraten und mehr Seeleute haben.

Als Papst Alexander VI. den Streit zwischen Spanien und Portugal um die Besitzrechte an den neu entdeckten Gebieten in Amerika so geregelt hatte, daß England nicht berücksichtigt wurde, war das eine schwere Beleidigung für die Engländer gewesen. Die Freibeuter konnten sich darum darauf verlassen, daß ihre Königin sie unterstützte, wenn sie Jagd auf die spanischen und portugiesischen Schiffe machten. So wimmelten die Gewässer der Antillen von englischen Freibeuterschiffen. Überall tauchten sie auf, kaperten und versenkten die spanischen und portugiesischen Galeonen. Sie ließen sich auch das Geschäft nicht entgehen, als erste von den Küsten Afrikas Schwarze als Sklaven in die Kolonien der Neuen Welt zu bringen. In diesem Sklavenhandel tat sich der bereits erwähnte John Hawkins hervor. Mit ihm verwandt war einer der größten Seefahrer Englands, Francis Drake, der ihn auf einer seiner Kaperfahrten nach Mexiko begleitete.

SIC PARVIS MAGNA

Francis Drake

Allein der Name Francis Drake würde schon zeigen, in welchem Maße die Freibeuter den Lauf der Geschichte beeinflußt und entschieden haben. Königin Elisabeth, die mit eigensinnigem Stolz ihre königlichen Vorrechte wahrnahm und durchzusetzen wußte, beauftragte diesen Mann mit Unternehmungen, die von allergrößtem Interesse für ihr Land waren. Sie fragte nicht danach, woher er kam und wer er war: sie wußte, daß er Pirat war, der „von der Pike auf" gedient hatte und es verstand, mit Degen, Steuerruder und Kommandostab noch besser umzugehen als sein Lehrmeister John Hawkins. Sie beauftragte ihn, dem mit England verfeindeten Spanien seine Vorherrschaft in den amerikanischen Meeren streitig zu machen, und darüber hinaus alles zu tun, um England zu der führenden Seemacht zu machen.

Das Leben von Francis Drake war ein einziges Abenteuer. Er war der Neffe von John Hawkins, der sein Geld mit afrikanischen Sklaven verdiente, die er in den spanischen Kolonien der Neuen Welt verkaufte, und außerdem Pirat war. Drake begleitete ihn auf einer Kaperfahrt. Bei einem spanischen Überfall im Hafen von

San Juan de Ulloa konnten beide nur mit Mühe entkommen. Seither war der Haß auf die Spanier Antrieb für alle Unternehmungen Drakes: Er war kaum über zwanzig, als er das Kommando über ein bescheidenes Schiff übernahm, um damit in der Karibik sein Glück zu machen. Binnen kurzer Zeit gelang es ihm, ein beträchtliches Vermögen zusammenzurauben und auch noch eine ganze Flotte mit hervorragenden Seeleuten aufzustellen. Mit der heimlichen Zustimmung von Königin Elisabeth führte er nun einen Freibeuterkrieg gegen die Spanier. 1572 rüstete er zum Angriff auf Panama und Porto Bello. Diese beiden Häfen waren Hauptumschlagplatz für die kostbaren Ladungen aus dem Inkareich, die über den Pazifik kamen und nach Spanien geschickt werden sollten. Er landete auf der Landenge und bemächtigte sich tollkühn eines Transports von zweihundert Maultierlasten Silber aus Potosi. Mit seiner kostbaren Ladung segelte Drake nach London zurück und bot sie der Königin als Huldigung dar. Unter größter Geheimhaltung erhielt er einen neuen Auftrag: die Küsten des Pazifik zu

erreichen und die Spanier in Peru und Chile zu schlagen. Auf seiner Fahrt durch den Südatlantik und die Magellanstraße in den Pazifik verlor er alle Schiffe außer seinem Flaggschiff, der legendären *Golden Hind*, mit der er die Fahrt bis nach Oregon in Nordamerika fortsetzte. Dabei erreichte er das heutige Kalifornien und ging dort vor Anker. Das Schiff wurde ausgebessert, und die Besatzung konnte sich ausruhen. An dieser Küste ließ er eine Bronzetafel errichten, mit welcher er das Land für England in Besitz nahm und ihm den Namen „Neu Albion" gab. Eine lange, aber erfolgreiche Reise: bei wiederholten Angriffen auf Küstenorte und auf Schatzschiffe, die Gold und Silber von Peru und Chile nach Panama brachten, erbeutete er große Reichtümer und neue Schiffe. Von Nordamerika nahm er Kurs auf die Ostindischen Inseln – so die Molukken, die damals Gewürzinseln hießen – und segelte durch den Indischen Ozean um das Kap der Guten Hoffnung nach England. Drei Jahre war er unterwegs und umsegelte als erster Engländer, 58 Jahre nach Magellan, die Welt. Für seine lukrative Kaperfahrt ehrte ihn die Königin durch einen Besuch auf der *Golden Hind* und schlug ihn zum Ritter. Dann ordnete sie an, daß das Piratenschiff für die Nachwelt erhalten bleiben sollte. Nun hätte sich Drake zur Ruhe setzen können. Statt dessen nahm er von der Königin einen Auftrag entgegen, der einen noch größeren Einsatz erforderte: alles zu rüsten, um die „unbesiegbare Armada" zu zerstören, die mächtige Flotte Philipps II., die unter dem Oberkommando des Herzogs von Medina Sidonia eine Invasion in England plante. Am 29. April 1587 zerstörte Drake 38 Schiffe im Hafen von Cadiz. Zur Entscheidungsschlacht kam es jedoch erst 1588 im Kanal: die „unbesiegbare Armada" wurde in die Flucht geschlagen. Der Ruhm von Francis Drake erstrahlte noch heller als zuvor. Freunde wie Feinde verneigten sich vor ihm und ehrten ihn als den größten Seefahrer seiner Zeit. Doch der Freibeuter kannte keine Ruhe. Noch einmal segelte Drake nach Westindien, wo seine Abenteuer ihren Anfang genommen hatten. Kaum sechsundfünfzigjährig, starb er am 28. Januar 1596.

Gegenüber: Wappen von Sir Francis Drake. Oben: Sir Francis Drake, als Held verehrter Freibeuter, der auch die *Unbesiegbare Armada* besiegte. Unten: Nach der Niederlage der *Armada* im Jahre 1588 überreicht Don Pedro de Valdes, Oberkommandierender der *Armada*, dem „Señor Drake" an Bord des spanischen Flaggschiffs seinen Degen. (Gemälde von John Seymour Lucas, 1889.)

Die unbesiegbare Armada

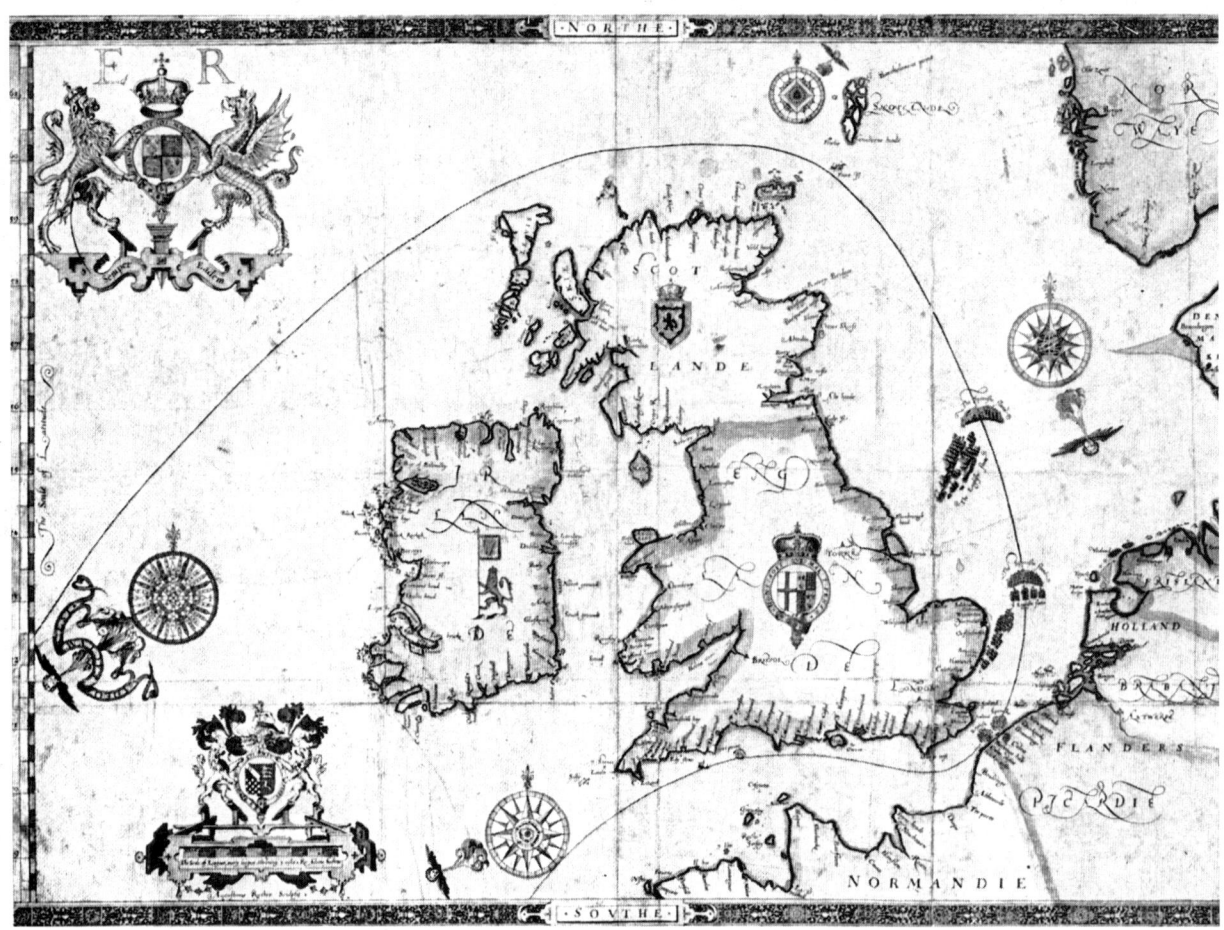

Juli 1588: Die Flotte Philipps II. von Spanien, unter dem Kommando des Herzogs von Medina Sidonia, erreicht mit ihrem andalusischen Vorausgeschwader unter Don Pedro de Valdes die Küste Englands, um ein für allemal mit dem verhaßten Rivalen abzurechnen. Elisabeth I. aus dem Hause Tudor, die seit langer Zeit auf diesen Schritt gewartet, ihn sogar herausgefordert hat, ist sich ihres Sieges gewiß. Zwei Großmächte stehen sich gegenüber: das habgierige, stolze, konservative und katholische Spanien Philipps II. und das protestantische, bürgerliche, kaufmännische und fortschrittliche England. Philipp hat eine Rechnung mit der Königin zu begleichen, die seine Hand zurückgewiesen hatte, weil sie ihr Land nicht dem großen spanischen Reich unterordnen wollte. Die *unbesiegbare Armada* verfügt über 130 große Schiffe, meist Galeonen, die 30 000 Mann an Bord haben. Die Zahl der englischen Schiffe beträgt nicht einmal hundert. Überdies handelt es sich um eine Streitmacht aus leichten Schiffen aller Art. Die Taktik, die Francis Drake und sein Adjutant Lord Howard anwenden, besteht darin, den Herzog von Medina Sidonia zu zwingen, die geschlossene Forma-

tion der Armada aufzulösen und sich in Kämpfe von Schiff zu Schiff einzulassen. Drake baut auf die Überlegenheit der freibeuterischen Kampfführung über die traditionelle Taktik der spanischen Kriegsflotte. Die heftigen Stürme haben der spanischen Armada ohnehin schon schwer zugesetzt, bevor sie in Calais ankommt. Als sie von den Engländern nach „Piratenart" angegriffen wird, kann die „Unbesiegbare" nur noch den verzweifelten Rückzug in die Nordsee antreten. Die Engländer verfolgen die Spanier und versenken mehrere Galeonen. Ihr dichtes Musketenfeuer im Nahkampf fordert viele Op-

fer. Don Pedro de Valdes ist gezwungen, sich zu ergeben. Er geht an Bord des Schiffes von Francis Drake und muß zum Zeichen seiner Niederlage seinen Degen übergeben. Die besiegte *Armada* segelt um Schottland nach Spanien zurück. Sie hat die Hälfte ihrer Schiffe und ihrer Mannschaften verloren. Unter anderem verlieren die Spanier auch die Galeasse *Girona*, auf der sich der gesamte Schatz der Armada befindet. Die Überreste der *Girona* wurden vor einigen Jahren von dem französischen Taucher R. Sténuit in etwa zehn Meter Tiefe vor der irischen Küste entdeckt.

Hollands reiche „Bettler"

Die Kaperbriefe, von denen schon so oft die Rede war, tauchen zu Beginn des 17. Jahrhunderts zur Zeit der Glaubenskriege auch in Frankreich auf. Unter dem Banner der Hugenotten hatte der Fürst von Condé Seeleute aus aller Herren Länder versammelt. Es kamen vorwiegend Holländer, die in ihrem Land dem Gefängnis oder dem Galgen entkommen waren. Kardinal Antoine Perrenot de Granelle, Minister Philipps II., hatte sie verächtlich als „Wasser-Geusen" bezeichnet. Das niederländische Wort „Geusen" heißt Bettler. Die holländischen Seeräuber nahmen diesen Namen schnell als Ehrentitel an. Ihre Kaperbriefe waren Ermächtigungsschreiben des französischen Königs, alle katholischen Schiffe – gleichgültig, ob unter französischer oder spanischer Flagge – zu vernichten, selbstverständlich erst, nachdem ihre Ladung in Sicherheit gebracht worden war. Das bevorzugte Gebiet der „Wasser-Geusen" waren die Antillen und die Karibik. Da die Beute der Freibeuter zwischen dem Kapitän und der Mannschaft (und natürlich dem König) geteilt wurde, konnte dort jeder schnell reich werden. Dem holländischen „Bettler" Piet Heyn gelang es, die spanische *Armada* nach der Niederlage durch Francis Drake zum zweiten Mal in alle Winde zu zerstreuen. Die Beute war sagenhaft: zwölf Millionen Piaster und dann noch die kostbare Ladung und die Schiffe selbst. Der Sieg war ein guter Anfang, um Holland in der Neuen Welt, auf dem Ozean und in der Heimat Ansehen zu verschaffen, zumal das Land noch von den Spaniern und deren Statthalter, dem Herzog von Alba, unterdrückt wurde.

In ihrem Krieg gegen die spanisch-katholischen Flotten wurden die Holländer heimlich von England unterstützt, das daran interessiert war, wie Spanien, Frankreich und Portugal auf dem

neuen Kontinent Fuß zu fassen. Elisabeth I. gestattete den Holländern, in Dover einen Flottenstützpunkt zu errichten. In dieses Hauptquartier schickte der Hof die Kaperbriefe, die später auch von den Nachfolgern der Königin erneuert werden. Weitere Kaperbriefe erhielten die „Bettler" von ihrem Beschützer in Holland, Wilhelm von Oranien. Ursprünglich hatte das Freibeutertum politische und religiöse Ziele. Die Hugenotten in Frankreich sollten gegen den Absolutismus von Caterina de' Medici unterstützt und die Protestanten in Holland vor den Verfolgungen Philipps II. geschützt werden. Doch bald gingen die Ideale im Goldrausch unter, und was übrigblieb, war

eine skrupellose Beutejagd auf alle Schiffe, gleichgültig welcher Flagge. Da distanzierte sich Elisabeth I. von den allzu wilden Gästen und ließ sie von ihrem Admiral Holstoke aus dem Kanal vertreiben. Auf den Schiffahrtsrouten im Ozean hatten die holländischen „Bettler" noch bessere Gelegenheit, reich zu werden. So schlossen sie sich den anderen Piraten an, die unter allen Flaggen die Weltmeere unsicher machten. Viele der „Wasser-Geusen" konnten nach La Rochelle an der französischen Atlantikküste fliehen. Hier wurde ihnen Glaubensfreiheit gewährt, hier erhielten sie Kaperbriefe, mit denen sie Jagd auf katholische Schiffe machten. Abgesehen von ihrem ersten Anführer, dem Grafen La Marck, sind nur wenige Namen wirklich von Bedeutung. Aber die Holländer rühmen sich noch heute ihrer „Wasser-Geusen" und feiern sie als tapfere Rebellen gegen die Tyrannei des Herzogs von Alba.

Links: Bildnis des holländischen Admirals Piet Heyn. Unten: Kardinal Richelieu besichtigt den Damm, den er vor dem Hafen von La Rochelle bauen ließ. So konnte er bei der Belagerung der Hugenottenstadt die Versorgungszufuhr abschneiden. 1628 mußten sich die Hugenotten von La Rochelle ergeben. (Gemälde von H. P. Motte, Museum von La Rochelle.)

Oben: Im Jahre 1598 hatte Heinrich IV. von Frankreich im Edikt von Nantes den Hugenotten Religionsfreiheit und „Sicherheitsplätze" zugestanden. Einer davon war La Rochelle, das dann für lange Zeit Stützpunkt für Seeräuber aller Nationalitäten wurde. Dorthin waren auch holländische Protestanten geflohen. Der Fürst von Condé sammelte sie unter der Hugenottenflagge und ließ sie als Freibeuter katholische Schiffe kapern.

Auf den Meeren
des Fernen Ostens

Oben: Darstellung einer Mongoleninvasion in Japan in der Mitte des 13. Jahrhunderts. Dieser Eroberungsversuch scheiterte. Nach dem Tod des mongolischen Großkhans Kubilai im Jahre 1294 war die Gefahr der Mongoleneinfälle auf den japanischen Inseln zuende, wenn auch die Beziehungen beider Länder feindlich blieben. Die Chinesen hatten darunter zu leiden, denn nun richteten sich die Piratenüberfälle der beiden Nachbarvölker auf ihr Land.

Während die großen Seefahrer des 16. Jahrhunderts, wie Vasco da Gama, Christoph Kolumbus und Fernando Magellan, ihre Fahrten nach dem Orient auf verschiedenen Routen aus Entdeckergeist und Abenteuerlust unternahmen, blickten ihre Auftraggeber und Geldgeber aus ganz anderen Gründen dorthin. Der Ferne Osten galt von altersher als das Land des unermeßlichen Reichtums und Überflusses. Die Berichte, die Johann von Carpini und Marco Polo bereits im 13. Jahrhundert von ihren Reisen dorthin mitgebracht hatten, waren nur allzu verlockend gewesen. Fast drei Jahrhunderte lang hatten seither die europäischen Großmächte vergebens versucht, Zugang zu den Schätzen Indiens und Chinas zu finden. Als Fernando Magellan 1520 die sagenumwobenen Gewürzinseln, die Molukken, erreichte und Vasco da Gama auf dem Seeweg um das Kap der Guten Hoffnung einige Jahre zuvor nach Indien gelangte, bekamen Spanien und Portugal den Löwenanteil. Aber bereits 1580 verschaffte Francis Drake, der auf dem von Magellan entdeckten Seeweg die Welt umsegelte, der englischen Piraterie auf diesen fernen Meeren Ansehen.

Engländer, Franzosen, Spanier, Portugiesen und Holländer trieben Handel mit den Ländern des Fernen Ostens und machten alle bis auf China und Japan zu ihren Kolonien. Als immer mehr europäische Handelsschiffe um das Kap der Guten Hoffnung segelten, nahm das Seeräubertum im Fernen Osten bedrohlich zu. Die bekanntesten östlichen Piraten stammten aus

小龍丸 大龍丸

Oben: Japanische Kriegsschiffe des 17. Jahrhunderts, die die Flagge mit der roten Sonnenscheibe führen. Es handelt sich um die Schiffe eines „Schoguns"; dieser japanische Titel bedeutet soviel wie: „Gegen die Barbaren ausgeschickter oberster Heerführer".
Links: Drei typische asiatische Piratenschiffe: Dschunke, Sampan und Lorcha.

der indischen Familie Angria: Kanhoji beherrschte gegen Ende des 17. Jahrhunderts die ganze Malabarküste und zwang selbst der Ostindischen Kompanie, die immerhin unter dem Schutz der britischen Kriegsflotte stand, seine Gesetze auf. Ebenso kühn war sein Sohn Tulaji. Doch wurde ihnen schließlich das Handwerk gelegt, als um die Mitte des 18. Jahrhunderts fähige Admirale wie William James und Lord Robert Clive die britische Militärmacht in Indien begründeten.

Ein anderer berühmter Pirat des Fernen Ostens war der Japaner Yajiro, der von dem Missionar Franz Xaver zum Christentum bekehrt worden war. Der Mönch wollte Yajiro mit Missionsaufgaben betrauen, doch Yajiro zog das Piratenhandwerk vor. Eine Flotte von über sechshundert Schiffen brachte der Chinese Koxinga zusammen und eroberte damit im Jahre 1661 Formosa, das die Holländer zu ihrer Kolonie gemacht hatten. Bis zum Ende des 19. Jahrhunderts blieb die Alleinherrschaft der fernöstlichen Piraten auf ihren Meeren unbestritten.

Die Karibik: Wo Geschichte und Piraterie sich treffen

Die Piraterie der Neuzeit, also des 16., 17. und 18. Jahrhunderts, spielt sich vor allem im Karibischen Meer ab. Im Westen ist dieses Meer von der mittelamerikanischen Küste begrenzt. Im Osten wird es von den Kleinen Antillen und im Norden von den Großen Antillen umschlossen. Zu den Großen Antillen gehören Kuba, das alte „Hispaniola", heute Haïti, Jamaika und Puerto Rico. Auch die schmale Landbrücke von Panama spielte eine wichtige Rolle. Wir erinnern uns, daß im 16. Jahrhundert die mit dem Gold aus Peru und Chile beladenen Schiffe der Spanier an der pazifischen Küste entlang nach Panama segel-

ten. Von dort wurden die Ladungen auf den Rücken von Maultieren über Land nach Porto Bello an der Atlantikküste geschafft. Dort warteten andere Galeonen, um die Schätze nach Spanien zu bringen.

Auf den Inseln der Karibik herrscht ein tropisches Klima, das eine üppige Vegetation gedeihen läßt. Die heutige Bevölkerung besteht vorwiegend aus Mischlingen: Mestizen, Mulatten und Kreolen. Die Urbevölkerung wurde ausgerottet oder von spanischen, portugiesischen, holländischen, englischen und französischen Kolonisatoren als Sklaven nach Südamerika verfrachtet. Sehr zahlreich sind die Schwarzen, Nachfahren der Negersklaven, die man aus Afrika eingeführt hatte, um die eingeborenen Sklaven zu ersetzen.

Die älteste und schönste Beschreibung von Hispaniola stammt von Christoph Kolumbus. Seine Begeisterung teilten alle Piraten und Freibeuter der Zeit und machten die Insel zu ihrem Hauptstützpunkt. Auch die Kapitäne von Kolumbus, Corvalan und Alonzo de Ojedo, bestätigten den Reichtum und die Schönheit der Insel. An der Küste wurden schon in den ersten Jahren der Kolonisierung die Festungen Santa Isabella, Navidad, Santo Tomá, Santa Catalina, Conception, Santa Magdalena und Santo Domingo angelegt. Die Insel und insbesondere ihre wichtigste Stadt San Domingo wurden im Jahre 1586 zum Schauplatz des ersten großen Zusammenstoßes zwischen den Spaniern und den Freibeutern aller Nationen. Dabei trugen die Engländer unter Francis Drake den Sieg davon. Nach und nach geriet die Insel in die Gewalt von Bukanieren und Flibustieren. Es kam immer wieder zu neuen Auseinandersetzungen, vor allem zwischen Spaniern und Engländern. 1673 entschieden französische Flibustier von der Insel Tortuga aus die Kämpfe zugunsten von Frankreich. Hispaniola wurde französischer Besitz und hieß dann Haiiti.

Bukanier
und Flibustier

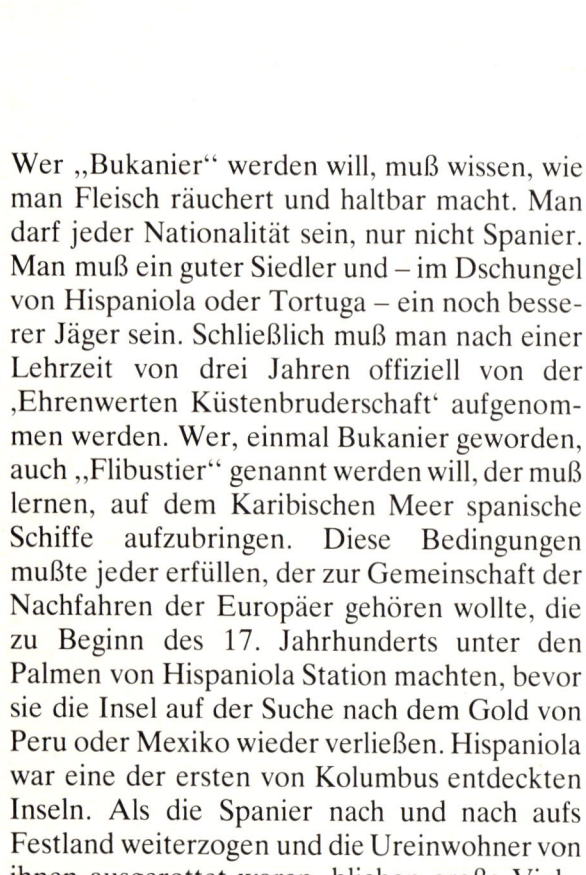

Wer „Bukanier" werden will, muß wissen, wie man Fleisch räuchert und haltbar macht. Man darf jeder Nationalität sein, nur nicht Spanier. Man muß ein guter Siedler und – im Dschungel von Hispaniola oder Tortuga – ein noch besserer Jäger sein. Schließlich muß man nach einer Lehrzeit von drei Jahren offiziell von der ‚Ehrenwerten Küstenbruderschaft' aufgenommen werden. Wer, einmal Bukanier geworden, auch „Flibustier" genannt werden will, der muß lernen, auf dem Karibischen Meer spanische Schiffe aufzubringen. Diese Bedingungen mußte jeder erfüllen, der zur Gemeinschaft der Nachfahren der Europäer gehören wollte, die zu Beginn des 17. Jahrhunderts unter den Palmen von Hispaniola Station machten, bevor sie die Insel auf der Suche nach dem Gold von Peru oder Mexiko wieder verließen. Hispaniola war eine der ersten von Kolumbus entdeckten Inseln. Als die Spanier nach und nach aufs Festland weiterzogen und die Ureinwohner von ihnen ausgerottet waren, blieben große Viehherden zurück, die verwilderten und über die

Links: Alter Stich, der ein typisches Lager von Bukanieren zeigt. Im Hintergrund die Räucherhütte, in der sie auf dem Rost das Wildbret räucherten. Rauchfleisch wurde zur begehrten Handelsware, die sie bei den Seeleuten gegen Musketen, Proviant, Rum und Brandy eintauschten.
Oben: Bukanier zerlegen ihre Jagdbeute und hängen das Fleisch in Streifen zum Räuchern auf. Vor dem Räuchern legen sie es sechsunddreißig Stunden lang in Salzwasser.

weiten Ebenen der Insel streiften. Die Bukanier versorgten sich mit dem reichlich vorhandenen Fleisch. Sie schnitten es in Streifen, trockneten und räucherten es auf Rosten über offenem Feuer. Ihren Namen erhielten die Bukanier von dem Räucherrost, den sie benutzten und der auf französisch „boucan" hieß. Bald wurde ihr geräuchertes Fleisch zu einer begehrten Handelsware. Die ersten Bukanier waren Franzosen. Später gesellten sich Engländer, Holländer, Genuesen und Venezianer zu ihnen, Deserteure und Flüchtlinge aus aller Herren Länder. Die Spanier vertrieben die Bukanier vor-

übergehend aus Hispaniola. Sie zwangen sie, sich auf die vorgelagerte Insel Tortuga zurückzuziehen, wo sie nur vom Zuckerrohrbau leben konnten. So wurden viele von ihnen Piraten, nannten sich nicht Bukanier, sondern Flibustier und spezialisierten sich darauf, die spanischen Galeonen anzugreifen. Daß dieses Gewerbe auf Tortuga blühte, beweist der ungewöhnliche Brauch, jedem, der eine Flagge „Ihrer Katholischen Majestät", also eines spanischen Schiffes, ablieferte, eine Prämie von 50 Piastern zu bezahlen. Man lebte auf der Insel ohne die geringsten wirtschaftlichen Sorgen. Nach jedem Piratenstück wurden Orgien gefeiert. Es war allgemein üblich, Sklaven zu besitzen, die entweder Einheimische, Afrikaner oder auch Europäer waren.

Die Aufteilung der Beute, die Entschädigung für Körperverletzungen, die ein Bukanier im Kampf erlitt, und eine Art Versicherung für seine Hinterbliebenen, falls er getötet wurde, unterlagen strengen Regeln. Die Summen, die ein Schwerverletzter erhielt, waren genau fest-

Oben: Bukanier, Illustration von Howard Pyle zu einer von ihm 1905 selbst verfaßten Geschichte. Zur Aufmachung eines Bukaniers gehören einfache Sandalen, ein breitrandiger Hut, die in den Gürtel gesteckte Pistole, die schwere Muskete sowie der Degen, von dem nur der Griff zu sehen ist. Armreifen und Ohrringe vervollständigen sie. Neben dem Bukanier steht die „Schatzkiste", eine mit Eisenbändern verstärkte Holztruhe, in der die kostbaren Beutestücke aufbewahrt wurden.

gelegt. Der Verlust des rechten Arms zum Beispiel wurde mit 600 Piastern entschädigt, für den linken Arm oder das rechte Bein genügten dagegen fünfhundert. Der Verlust des linken Beines brachte nur vierhundert, der eines Auges und eines Fingers jeweils einhundert Piaster. Die Bukanier mußten sich zwar genau an die Gesetze ihrer Organisation halten, aber sonst waren sie frei und unabhängig. Ihre Moral und ihre Politik waren eine Mischung aus sittlicher Strenge und völliger Anarchie, herzlicher Kumpanei und kleinlichem Egoismus, Kühnheit und Trägheit.

73

Die „Küstenbruderschaft"

Die Zeit: erste Hälfte des siebzehnten Jahrhunderts. Der Ort: die kleine Insel Tortuga, das „Schildkröteneiland", nur einen Arkebusenschuß von Hispaniola, dem heutigen Haiti, entfernt. Tropische Vegetation, Früchte und Wild in Hülle und Fülle, angenehmes Klima und ruhige Ankerplätze. Auf diesem paradiesischen Eiland haben sich Piraten aus fast ganz Europa niedergelassen. Sie vereinigen sich zu einer Gemeinschaft, in der bestimmte Verhaltensregeln gelten.

Als Oberhaupt anerkennen sie einen gewissen Levasseur. Er hat der Gemeinschaft den Namen „Küstenbruderschaft" gegeben und auch ihre Gesetze festgelegt. Für ihre Sicherheit hat er gute Befestigungsanlagen bauen lassen. Die Gesetze sind hart. Auf der Insel gibt es keine Frauen (zumindest in den ersten Jahrzehnten nicht). Als es dann welche gibt, bleiben viele Bukanier Junggesellen. Die Verheirateten werden verspottet. Gruppen von drei, vier oder fünf „camarades" leben in einer Hütte zusammen. Sie leben in enger Gemeinschaft. Strenge Disziplin und Ordnung, rigorose Rechtssprechung bei schweren Vergehen, Verbot, die Bruderschaft zu verlassen. Sind sie einmal in die Bruderschaft eingetreten, legen die Bukanier ihren ursprünglichen Namen ab und nehmen einen anderen an, dem sie häufig den Namen eines Heiligen ihrer Heimatstadt oder ihres Heimatlandes hinzufügen.

Auf Hispaniola lebten sie von der Jagd. Auf der Insel – oder besser gesagt: den Inseln, denn nach 1650 lebten die Bukanier nicht nur dort und auf Tortuga, sondern auch auf Jamaika – gab es verwilderte Rinder und Schweine im Überfluß. Die Bukanier wären vielleicht mit diesem Leben zufrieden gewesen. Sie wurden weniger aus Überzeugung Piraten als aus der Notwendigkeit, sich gegen die Spanier der Antillen zu wehren, die sie von der Insel vertreiben wollten. Als Piraten standen sie jedoch keinem Seeräuber auf den Weltmeeren etwas nach. Der einzige Unterschied bestand darin, daß den Bukaniern Reichtum nichts bedeutete. Bis auf wenige Ausnahmen wurde die Beute, die sie auf spanischen Schiffen oder an den Küsten des Karibischen Meeres machten, im täglichen Leben verbraucht. Niemals verfolgten sie persönliche Ziele, niemals träumten sie von Landbesitz und Macht. Und wenn sie oft grausam waren, so nur, um sich für die Grausamkeiten zu rächen, die andere ihnen oder ihren Vätern zugefügt hatten.

Die Geschichte der Flibustier ist aus Tagebüchern oder Erinnerungen überliefert, die einige von ihnen niedergeschrieben haben, wie der Franzose Raveneau de Lussan, der Engländer Ringrose und vor allem Exmelin de Honfleur, der Wundarzt von Tortuga, von dem noch die Rede sein wird. Sein Name findet sich in

unterschiedlicher Schreibweise in den Geschichten der Flibustier wieder (Exquemelin, Oexmelin usw.). Wir benutzen den in seiner französischen Heimatstadt Honfleur üblichen Namen Exmelin. Auf den nächsten Seiten soll erzählt werden, was in den Berichten der Flibustier steht. Das Zeitalter der Flibustier gilt als das Goldene Zeitalter der atlantischen Seeräuberei. Damals, zwischen 1600 und 1700, lebten die legendärsten Piraten des Karibischen Meeres. Die „Brüder der Küste" sind mit ihren Missetaten und ihren tollkühnen Abenteuern in die Geschichte eingegangen.

Noch einmal zwei Bilder von Howard Pyle. Rechts: Karibische Siedler müssen an die Bukanier Tribut zahlen.
Unten: Aufteilung der Beute nach gelungener Kaperung eines Schiffes. Sie wurde nach strengen Regeln vorgenommen. Jede Unterschlagung wurde unnachsichtig geahndet. Trotz der oft reichen Beute gab es nur wenige Piraten, die wohlhabend starben: die meisten verpraßten die Beute in wenigen Tagen. Nach dem Gesetz der Flibustier erhielt jeder, der eine spanische Flagge erbeutete, zusätzlich zu seinem Beuteanteil noch eine Prämie von fünfzig Piastern.

Die Großen von Tortuga

Unter den zahlreichen legendären Flibustier der Karibik können wir nur einige, die ganz Großen, auswählen und müssen uns mit dem Wenigen bescheiden, was man über sie weiß. So viele Geschichten ranken sich um ihre Taten, so wenige zuverlässige Zeugnisse gibt es über sie, daß man glauben könnte, sie wären Gestalten aus der Legende. Aber sie lebten wirklich.

Da ist zunächst der Franzose Jean François Nau, der in der ganzen Karibik nach seiner Geburtsstadt L'Olonois oder Lolonois, der Grausame, hieß. In seiner frühen Jugend war er ein Feuerkopf und leicht jähzornig. Er flieht von daheim und läßt sich bei den Bukanier auf Hispaniola anwerben. Nach der üblichen Lehrzeit wird er in die „Küstenbruderschaft" aufgenommen und steigt bald zu deren Oberhaupt auf.

Bei seinen Unternehmungen treibt ihn der Haß gegen die Spanier, gleichgültig, ob es Siedler oder Seeleute sind. Eines Tages nimmt er Rache an seinem früheren Lehrherrn und erschlägt ihn. Danach fährt er zur See und beginnt seine Raubzüge: die Antillen, Venezuela, Honduras, Kuba. An den Küsten und auf

den Inseln, wo immer er auftaucht, bringt er Tod und Verderben. Seine Flibustier werden genauso schnell reich wie er. Er kannte kein Erbarmen und konnte nicht verzeihen. Er tötete, raubte, folterte und brandschatzte. Eines Tages verlassen ihn seine Gefährten. Während eines Sturms wird er an die Küste von Darién in Panama geworfen, von Kannibalen gefangen und verspeist.

Bartolomeo, der Portugiese, hingegen wurde durch einen einzigen Glücksfall bekannt, den jeder auch mittelmäßige Pirat in den Gewässern von Kuba hätte erleben können. Er greift ein spanisches Schiff an, das Kakao und Gold geladen hat, und bringt es in seine Gewalt. Dann nimmt er Kurs auf Tortuga, fährt also heim. Doch auf der Rückfahrt verläßt ihn sein Glück. Drei spanische Galeonen holen ihn ein, nehmen ihm die Beute wieder ab und machen ihn zu ihrem Gefangenen. Sie zimmern schon den Galgen, da reißt er sich los und verschwindet. Er findet die Unterstützung anderer Flibustier, kehrt zurück, nimmt im Handstreich das schon einmal von ihm gekaperte Schiff und entflieht.

Ein dritter erfolgreicher Flibustierkapitän ist Rocco, der Brasilianer. Er wurde durch folgende Episode berühmt: Nach einem Schiffbruch mußte Rocco sich mit 30 Mann gegen eine Übermacht spanischer Reiter verteidigen. Es gelingt ihnen, 30 Pferde zu erobern und zum nächsten Hafen zu reiten, wo sie ein spanisches Schiff kapern und in See stechen. Auch Rocco wird ein besonders grausamer Flibustier, vom Haß auf die Spanier getrieben.

Unten: Eine Galeone wird von Flibustiern angegriffen. Die Schätze, die mit den von der „Küstenbruderschaft" versenkten Galeonen auf dem Grund des Meeres landeten, sind heute viele Milliarden Dollar wert. Allerdings sind nie Berechnungen darüber angestellt worden, welche Werte die Spanier aus ihren legendären Kolonien trotz der Erfolge der Piraten in ihre Heimat schaffen konnten. Heute bezeichnet man mit Flibustier einen skrupellosen Menschen. Ursprünglich nannte man so die Piraten der Karibik, die sich zwar gegen jede Autorität auflehnten, jedoch eine Interessengemeinschaft bildeten und bereit waren, sich notfalls loyal in den Dienst eines Königs oder einer Regierung zu stellen.

Morgan, König der Flibustier

Die atemberaubende Lebensgeschichte des Königs der Flibustier, des großen Henry Morgan, hat der Bukanier, Feldscher und Schriftsteller Alexandre Olivier Exmelin aufgeschrieben. Exmelin hat seinen Hauptmann bewundert und verleumdet zugleich. In seinem Buch „Geschichte der Flibustier", das 1674, also noch zu Morgans Lebzeiten, erschien, begnügte sich der Autor nicht damit, nur ein Porträt von ihm zu zeichnen, sondern fügte reichlich eigene Kommentare und Überlegungen hinzu. Deshalb zeigte Morgan ihn bei Gericht wegen übler Nachrede an. Morgan erhielt volle Genugtuung: Exmelin mußte sich öffentlich entschuldigen und zweihundert Pfund Sterling Strafe zahlen. Die Schilderung Exmelins dürfte jedoch den Tatsachen entsprechen.

1668 versuchen die Spanier, den Engländern Jamaika zu entreißen, die Perle der Antillen. Der Gouverneur, Sir Thomas Modyford, ruft für den Gegenangriff die besten Piraten zu Hilfe und stellt ihnen Kaperbriefe aus. An ihrer Spitze steht Morgan. Man läßt ihm freie Hand, und er setzt alles daran, um den ehemaligen Anführer der Flibustier, Edward Mansfield, würdig zu ersetzen, der während der Belagerung der Insel Santa Catalina in die Gefangenschaft der Spanier geraten und hingerichtet worden war. Mit zehn Schiffen belagert Morgan den Hafen Porto Principe auf Kuba. Dann ist Porto Bello an der Reihe. Die Piraten dringen in die Stadt ein, hinter einer Gruppe von Mönchen, die sie aus ihrem Kloster gezerrt haben und als Schutzschild vor sich hertreiben. Obwohl die Spanier auf ihre Glaubensbrüder schießen, können sie der Niederlage nicht entgehen.

Morgan führt seine Piratenzüge auch auf dem Festland weiter. Er erobert Maracaibo und zieht weiter nach Panama, Hauptstützpunkt der Spanier und Traumziel der Flibustier. Nichts

Oben: Die karibischen Inseln auf einer Karte von 1542.
Unten: Henry Morgan, der unbestrittene König der Piraten, dessen Biograph Exmelin, Feldscher der Flibustier in seiner „Geschichte der Flibustier" den zweideutigen Charakter Morgans enthüllt.
Daneben: Szene von der Einnahme von Panama.

kann Morgan zurückhalten, weder die Kanonen noch die Infanterie, noch die Kavallerie, ja nicht einmal eine Herde von wilden Stieren, die die Spanier auf die Engländer loslassen und die diese mit Schüssen und Geschrei in die Reihen der Engländer zurücktreiben können. Panama ist in seiner Hand! Er wird in den Adelsstand erhoben – zum Gouverneur von Jamaika ernannt. Als solcher – welche Ironie – wird er mit der Bekämpfung der Bukanier beauftragt. Kaum fünfzigjährig, beschließt er, sich zurückzuziehen und seinen Reichtum zu genießen. Einzige Ruhestörung ist dabei die Veröffentlichung seiner Lebensgeschichte von Exmelin, derentwegen er sich nach London aufmacht, um sich Gerechtigkeit zu verschaffen. Kaum dreiundfünfzig Jahre alt, stirbt er in Port Royal auf Jamaika eines natürlichen Todes. Man ehrt ihn mit einem Staatsbegräbnis.

Unter den vielen berühmten Flibustier seiner Zeit ragt Morgan durch seine Führungsqualitäten und seine militärische Begabung hervor. Er war klug, mutig und kannte jede List. Auch er war unmenschlich grausam. Seine Feinde quälte und tötete er, jeden Aufruhr unter seinen Piraten schlug er mit erbarmungsloser Härte nieder. Im Grunde verhielt er sich so, wie man es von einem Piraten und Freibeuter nicht anders erwartete.

Oben: Zeitgenössische Darstellung der Einnahme der kubanischen Stadt Porto Principe. Hier begann Morgan 1688 seine Karriere. Vom Gouverneur von Jamaika zu Aufklärungszwecken dorthin geschickt, machte er gleich ganze Sache: er griff die Stadt an und eroberte sie. Er wurde zum Admiral ernannt und geadelt.

Links: Ein paar der berühmtesten und berüchtigsten Totenkopfflaggen, der *Jolly Rogers*. Die Schwarzen Flaggen kamen gegen Ende des 17. Jahrhunderts auf, als die Zeit der Freibeuter vorüber war. Die neuen Piraten fanden nicht mehr die Unterstützung der Herrscher und konnten sich auch nicht mehr auf Kaperbriefe berufen. Sie zogen auf eigene Faust aus und hißten die Totenkopfflagge als Zeichen der Freiheit und Herausforderung.
Unten: Eine der vielen überlieferten „Schatzkarten".

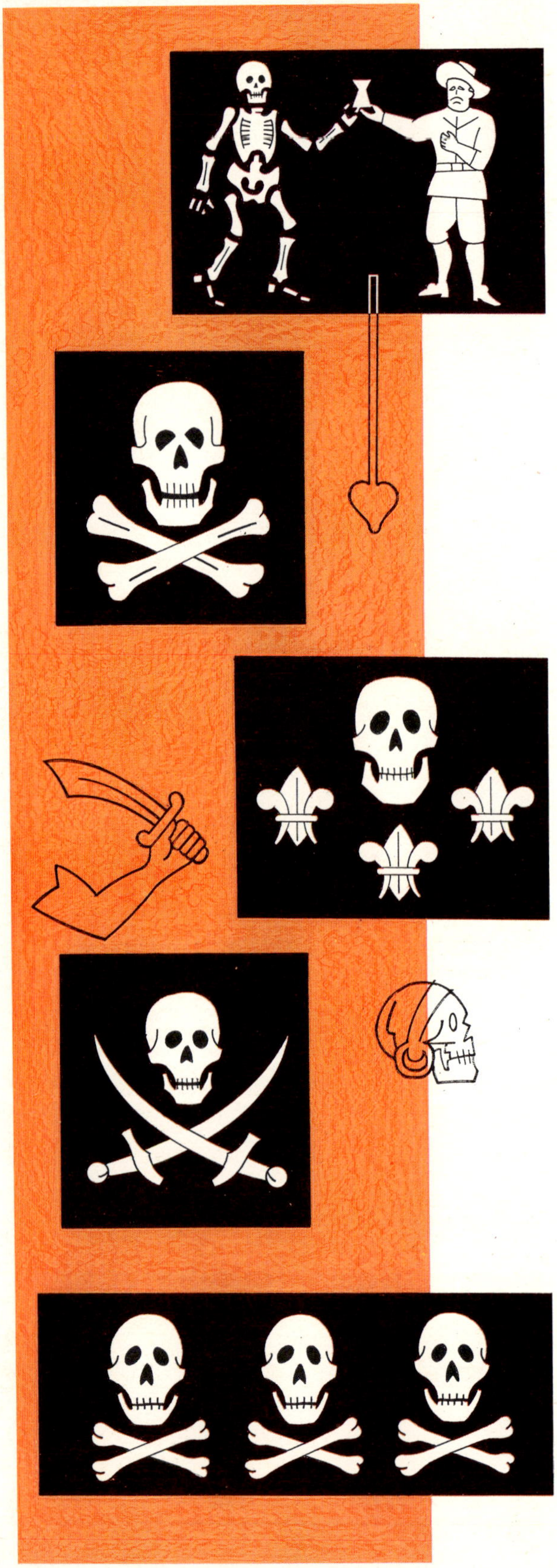

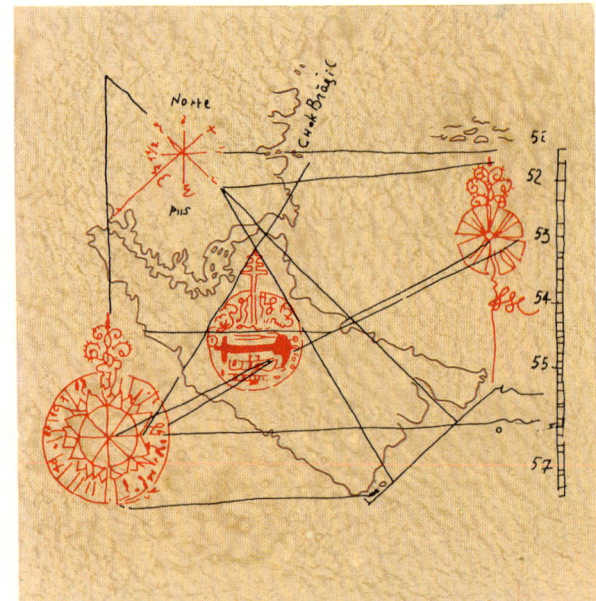

Die Totenkopfflaggen

Die Piraterie, die im 16. und 17. Jahrhundert überall in der Welt ihre Glanzzeit hatte, wurde unter dem Anschein von Rechtmäßigkeit und mit scheinbar politischen Zielen ausgeübt. Die großen und kleinen Flibustier der „Küstenbruderschaft" kämpften, raubten und mordeten häufig ungestraft, weil sie mit Kaperbriefen und sonstigen Ermächtigungsschreiben der europäischen Herrscher ausgestattet waren. Doch wie aus dem bereits genannten Buch von Exmelin hervorgeht, hatten die Bukanier und Flibustier ihren eigenen Ehrenkodex und ihre eigenen Gesetze, die sie – wenn sie auch noch so brutal, habgierig, wild und grausam waren – mit äußerster Strenge achteten.
Mit dem Ende des 17. Jahrhunderts war dies

alles plötzlich vorbei. Die Flibusterei verschwand, und damit auch die Flaggen, welche die verschiedenen Flibustier neben ihren Nationalflaggen führten. Man vermutet, daß die letzten Flibustier der Antillen am Gelbfieber starben, als sie von Cartagena in Kolumbien zurückkehrten. Dort war ihnen im Mai des Jahres 1697 die größte Beute in die Hände gefallen, von der man je gehört hatte: eine halbe Tonne Smaragde und zwanzig Millionen Pfund Sterlingsilber . . . An der Spitze dieses Unternehmens, das der französische Historiker Georges Blond in seiner spannenden „Geschichte der Flibustier" den letzten großen Beutezug der Flibustier nennt, stand Jean Bernard Despeans de Pointis, „Admiral" einer kleinen Flotte von Bukaniern, die der französische Gouverneur von Hispaniola zusammengestellt hatte. Aber als die Beute geteilt werden sollte, war de Pointis verschwunden, und die Bukanier standen da, ohne Beute, ohne Hauptmann – die alten Regeln galten nichts mehr, und die Bruderschaft löste sich auf.

Das siebzehnte Jahrhundert war das goldene Zeitalter der „Küstenbruderschaft". In diesem Jahrhundert lagen alle europäischen Großmächte miteinander im Krieg – mit Waffengewalt kämpften sie um den Besitz ihrer neuen amerikanischen Kolonien. Zu Beginn des 18. Jahrhunderts waren diese Auseinandersetzungen beendet. Könige und Königinnen, Fürsten und Minister überantworteten die Piraten, denen sie ihre Erfolge zu verdanken hatten, einem Schicksal, das in den meisten Fällen den Galgen und nur selten den „königlichen Pardon" vorsah. Nicht alle Piraten ergaben sich. Viele wanderten in ferne Länder aus, mit Vorliebe nach Madagaskar. Sie hißten auf der höchsten Mastspitze eine neue Art Flagge: die schwarze Totenkopfflagge.

Sie trug klare eindeutige Zeichen: Totenköpfe, gekreuzte Knochen oder Säbel und andere Todessymbole. Sie tauchte auf allen Meeren auf und forderte die Fregatten der auf Frieden bedachten Könige heraus. Die „Jolly Rogers" – so hießen die schwarzen Flaggen – flatterten auf den Schiffen der Piraten, die nicht so ohne weiteres bereit waren, auf ihre alten, von den Regierungen gewährten Vorrechte zu verzich-

Schatzkiste aus massivem Eisen, etwa ein Meter hoch. Sie wird im Seefahrtsmuseum in Genua-Pegli aufbewahrt. Nach einer Schätzung des Deutschen Rieseberg ruhen nicht weniger als 463 Wracks von Schatzschiffen aus der Zeit der Freibeuter auf dem Meeresgrund.

ten. Van Horn, De Graff, De Grammont, Laffitte, Roberts, Rackham, Lowtehere, England, Avery, Kidd und viele andere aus aller Herren Länder wehrten sich gegen die englische Navigationsakte von 1696, die Englands Vormacht in Nordamerika sichern sollte. Mit ihr begingen die Engländer den gleichen Fehler wie die Spanier damals auf den Antillen: nur wer Engländer war, durfte mit den englischen Kolonien in Nordamerika Handel treiben. Die offizielle Piraterie, das Freibeutertum, verschwand, und es kam ein freies Piratentum auf: unabhängige Männer zogen auf eigene Faust aus und machten Jagd auf die Schiffe aller gekrönten Häupter, und wenn es die des Großmoguls von Indien waren.

Teach, genannt Blackbeard

Zu den allerersten, welche die Totenkopfflagge hißten, gehörte Edward Teach aus Bristol oder Jamaika. Man nannte ihn „Blackbeard", das heißt Schwarzbart. Er wurde im Jahre 1680 geboren und verbrachte seine Jugend im Dienste der britischen Marine auf dem Meer von Jamaika. Eines Tages glaubte er zu erkennen, daß er eigentlich zum Seeräuber berufen sei. Mit seinem Flaggschiff *Revenge* machte er das Meer zwischen Kap S. Vincenzo und den Bermudas unsicher und überfiel die Küste von Südkarolina. Bei einer dieser Fahrten tat er sich mit einem anderen englischen Piraten, Steve Bonnet, zusammen, der früher gleichfalls in britischen Diensten gestanden hatte. Gemeinsam betrieben die beiden ihre Räubereien in Sichtweite der Küste und sogar in den Häfen. Sie betrogen die Kaufleute und die Behörden. Dabei machten sie vorzügliche Geschäfte. Wo sie mit ihren Betrügereien nicht durchkamen, halfen sie mit Gewalt nach. An der Küste von Südkarolina raubte Teach nicht nur ungeheuren Reichtum zusammen, sondern holte sich von dort auch seine fünfzehn Frauen. Um dem hemmungslosen Treiben Teachs Einhalt zu gebieten, beauftragte der Gouverneur von Virginia den jungen Offizier Robert Maynard mit der Verfolgung. Als Maynard das Piratenschiff mit nur zwei Schaluppen geentert hatte, verteidigte sich Blackbeard wild und leidenschaftlich. Bei der Schießerei und der anschließenden Messerstecherei trug Blackbeard fünfundzwanzig Wunden davon. Blackbeards Kopf wurde von Maynard am Bugsprit als grausige Siegestrophäe aufgehängt, und so fuhr das Schiff in den Hafen von Jamestown in Virginia ein. Bonnets Ende war auch nicht besser, nur an einem anderen Ort und einige Zeit später: er wurde gefangengenommen, vor ein Gericht gestellt und auf Befehl der Majestät an den Galgen gehängt.

Die Unternehmungen von Blackbeard und Bonnet lassen aber auch die Korruption erkennen, die in der englischen Verwaltung der amerikanischen Kolonien um sich griff. Der Gouverneur von Virginia arbeitete unter Mithilfe seines getreuen Sekretärs direkt mit den beiden Piraten zusammen. Er kaufte ihre Beute

auf und verkaufte sie weiter. Diese Machenschaften kamen nach der Ergreifung von Blackbeard ans Tageslicht: dem Gouverneur wurde der Prozeß gemacht, während der Sekretär Selbstmord beging.

Das Schiff des Piraten Edward Teach, genannt Blackbeard, wird von dem englischen Kapitän Maynard geentert. Der Gouverneur von Virginia (selbst in dunkle Geschäfte mit Teach verwickelt) hatte Maynard mit der Verfolgung des Piraten beauftragt. (Gemälde von J. L. Ferris). Der Vorfall findet 1718 vor der Küste von Südkarolina statt, wo der wilde Blackbeard sein Revier hatte.

Links und oben: Zwei der bekanntesten Seeräuber auf dem Meer von Madagaskar: John Avery aus Plymouth und Edward England aus Irland. John Avery, der sich als schwerreicher Mann in England niederließ, starb arm wie eine Kirchenmaus. Edward England wurde von seinen eigenen Leuten auf der Insel Mauritius ausgesetzt.

Die Seeräuberinsel Madagaskar

Die fünfunddreißig Jahre zwischen 1785 und 1820 sind wegen der Ereignisse, die stattfanden und denen, die sich ankündigten, „historische" Jahre. Die Welt stand im Begriff, ein anderes Gesicht zu bekommen. Die modernen Demokratien in England, in Frankreich, in Amerika machten große Fortschritte. Diese Umwälzungen wirkten sich auch auf das Piratenwesen aus, es geriet in Verfall. Die Kriegsmarinen überprüften ihre Beziehungen zu dieser Kategorie Seefahrer, der sie jahrhundertelang großen Freiraum gelassen hatten. Viele Piraten zogen sich ins Privatleben zurück. Andere wiederum gaben nicht auf und führten weiter ihr Piratenleben, nur sich selbst und ihren Gefährten verantwortlich. Der französische Pirat Misson und der Italiener Caracciolo, ein ehemaliger neapolitanischer Mönch, gründeten auf Madagaskar sogar einen Piratenstaat, die Republik Libertalia mit einer eigenen Sprache und einer Verfassung mit utopisch-sozialen Zielsetzungen. Die Republik Libertalia war nur von kurzer Dauer, denn die Eingeborenen trieben die Piraten auf ihre Schiffe zurück. Eine andere Piratenbruderschaft, die Betsimisakara, war langlebiger. Fünfunddreißig Jahre lang, von 1785 bis 1820, war sie die unbestrittene Herrin der Insel Madagaskar und der umliegenden Meere. Holland, Portugal, England, Frankreich und etliche andere Staaten, deren Schiffe durch den Indischen Ozean fuhren, hatten viel unter ihnen zu leiden. Insbesondere Englands Handelsgesellschaft, die Ostindische Kompanie, mußte sich mehr als einmal beschweren und mehr als einmal Jagd auf diese Seeräuber machen, die ihren Handel störten. Aber wer waren diese Piraten denn eigentlich? Es waren

Oben: Bartholomeo Roberts aus England. Der berühmte Seeräuber führte in Mißachtung der Kolonialgouverneure seine persönliche schwarze Flagge, auf der der Tod und ein Pirat miteinander anstoßen. Roberts starb im Kampf, wie gewöhnlich ganz in Rot gekleidet. Rechts: Eine Auswahl typischer Piratenwaffen.

Mischlinge, Abkömmlinge von Weißen, die im Laufe des letzten Jahrhunderts madagassische Mädchen zur Frau genommen und die Insel zu ihrer zweiten Heimat gemacht hatten. Zu den bekannteren „Stammvätern" gehören berühmte Piraten, die wir bereits kennengelernt haben oder noch kennenlernen werden: Kidd, Avery, Gulligan, Mathews, Plantain, Taylor und England. Alles Leute, die ihre Laufbahn auf der Insel Tortuga oder zumindest auf amerikanischen Meeren begonnen hatten. Die ersten kamen von den Bahamas, von wo der englische Kapitän Rogers sie 1718 endgültig vertrieben hatte, nachdem man tausend von ihnen gehängt und zweitausend „begnadigt" hatte (das heißt, sie mußten seßhaft werden). Die wenigen, die entkommen konnten, wählten Madagaskar als Zufluchtsort, weil die Insel eine alte Seeräubertradition hatte und vor allem, weil ihre Lage geradezu ideal war, um die Schiffe abzufangen, die aus Indien, Arabien und dem Fernen Osten kamen oder dorthin wollten. An den Küsten ihrer neuen Heimat bauten sie Festungen, Häfen und Lagerhäuser. Manch einer hatte sich

sogar ein kleines Königreich geschaffen, wie Plantain, ein Jamaikaner, der sich „König von Ranter Bay" nennen ließ und das ehrgeizige Ziel hatte, König von Madagaskar zu werden. Im großen und ganzen befolgten sie die Gesetze, die schon die „Küstenbruderschaft" aufgestellt hatte. Allerdings unterschieden sie sich von den karibischen Flibustier durch eine gewisse Neigung zu bürgerlichen Lastern. Fast alle trieben die Piraterie auf eigene Faust. Die Bruderschaft von Madagaskar wurde gegen 1820 aufgelöst. Sie wurde von den Mächten, die an der Sicherheit der fernöstlichen Meere interessiert waren, energisch bekämpft und stieß außerdem auf die ablehnende Haltung der farbigen Einheimischen, die Mischlinge mit scheelen Augen betrachteten. Von diesen sind keine erwähnenswerten Taten überliefert. Nur die Namen ihrer Väter, die wir oben aufgezählt haben, leben in der Erinnerung weiter. Es waren sonderbare und widersprüchliche Gestalten, die eine Piraterie betrieben, die anders als wie bisher nicht einzig und allein auf Gewalt und Beutegier ausgerichtet war.

Kidd
und sein Geheimnis

Am 23. Mai 1701 wurde auf den Zinnen des Londoner Tilbury Castle an einer Stelle, die man „Execution Dock" nannte, William Kidd gehängt. Das war der Mann, der sich zusammen mit Drake und Morgan den Ruhm teilte, der berüchtigste englische Pirat zu sein. Kidd entstammte einer wohlhabenden Familie und hätte es durchaus nicht nötig gehabt, sein Leben aufs Spiel zu setzen, um reich zu werden. Lord Belmont, der Gouverneur von New York, war

ihm wohlgesonnen, er hatte Familie und ein schönes Haus mitten in New York. Alles wäre so weitergegangen, hätte ein Gönner ihm nicht einen Vorschlag gemacht, der kaum einen klugen und aufgeschlossenen jungen Mann, der voller Abenteuerlust steckte, kalt gelassen hätte: das Kommando einer Flotte zu übernehmen und im Namen des englischen Königs Jagd auf Piraten zu machen. Kidd nahm an. Madagaskar mit seinen gefürchteten Helden lockte ihn: Avery, der kleine König mit dem Ehrgeiz, ein großer König zu werden; Caracciolo und Misson, die idealistischen Gründer der Republik Libertalia; Tom Tew, der Mann, der davon träumte, den Großmogul zu entführen und Indien zu unterwerfen. Stolz auf sein Schiff *Adventure* und auf seine von der Krone ausgestellten Kaperbriefe, machte er sich vor der Küste von Mosambik daran, das Gebiet von Piraten zu säubern. Da gerät Kidd eines Tages mit einem Kanonier in Streit und zertrümmert ihm mit einem Eimer den Schädel. Das war nicht seine Absicht, aber er fühlte sich schuldig. Anstatt seinen Auftrag zu Ende zu führen, warf er sich der Piraterie in die Arme. Er verließ die *Adventure* und nahm sich das erste gekaperte Schiff, das zufällig zur Flotte des Großmoguls gehörte. In England schrie man Verrat. Noch lautstärker waren die Proteste des Großmoguls, der mit den Engländern verbündet war und nicht verstehen konnte, warum seine Verbündeten seine Schiffe überfielen. Zahllose Seeräuber von Madagaskar wurden Freunde von Kapitän Kidd. In seiner neuen Laufbahn bewahrte Kidd größte Hochachtung vor Schiffen mit britischer Flagge, die er als einzige verschonte. Damit wollte Kidd erreichen, daß er sich ungestraft in seiner Heimat zeigen konnte. Denn es drängte ihn, sich für den ungewollten Mord und das unbeabsichtigte Kapern des Schiffs des Großmoguls zu rechtfertigen. Aber Lord Belmont ließ sich nicht versöhnen. Kaum ging Kidd in Boston an Land, wurde er verhaftet und in Ketten nach England gebracht. Vor Gericht verteidigte er sich mit großer Ausdauer, aber die Interessen des Staates wogen schwerer als seine Unschuldsbeteuerungen. Kidd wurde schuldig gesprochen und zum Tode durch den Strang verurteilt.

William Kidd, einer der berühmtesten, aber auch unglücklichsten Seeräuber aller Zeiten. Wie auf der gegenüberliegenden Seite zu sehen ist, wurde seine Leiche nach seiner Hinrichtung in Ketten und Reifen gezwängt und als grausame Warnung für andere Piraten weithin sichtbar an den Galgen von Tilbury Castle gehängt. Wie Francis Drake und Henry Morgan ging er in die Legende ein. Nach dem, was man über ihn weiß, ist es schwer zu sagen, ob er nun ein finsterer, grausamer Pirat war oder eher ein aufrichtiger, von seinen Auftraggebern enttäuschter Freibeuter. Unten: William Kidd auf seinem Schiff *Adventure Galley*. (Gemälde von Howard Pyle.)

Die Korsaren
des Sonnenkönigs

Gegen Ende der Regierungszeit Ludwigs XIV. organisierte ein großer Kriegstheoretiker, Sébastien Prestre de Vauban, den Kaperkrieg in großem Stil. Bei Hof wurde es unter den Adligen Mode, einem Korsarenschiff den eigenen Namen zu geben. So sah man schnelle Fregatten die Meere durchpflügen, die so erlauchte Namen trugen wie *Marquise de Maintenon, Comte de Toulouse, Duc de Bourgogne*. Sie machten Jagd auf die Handelsschiffe der holländischen und englischen Ostindischen Gesellschaften und gelegentlich auch auf die mit Heringen und Kabeljau beladenen holländischen Fischkutter. In dem Krieg zwischen Frankreich und Holland ging es nicht zuletzt um die reichsten Fischgründe.

Zu den aktivsten Korsaren gehörte der große Jean Bart, der „Löwe von Dünkirchen". Mit dem Auftrag, die Niederlagen zu rächen, die die Holländer den Franzosen in französischen und skandinavischen Meeren zugefügt hatten, stach Jean Bart in See. Mit einer Nußschale von Schiff, das mit nur zwei Kanonen ausgerüstet war und 36 Mann Besatzung hatte, gelang es Bart, sieben holländische Schiffe aufzubringen. Der Sonnenkönig belohnte Bart mit goldenen Ketten, zeichnete ihn mit Adelstiteln aus und betraute ihn mit neuen Aufgaben – unter anderem die, ins Mittelmeer zu fahren und mit den Barbaresken von Tunis und Algier „aufzuräumen".

Zu dem Namen Bart gehört auch der seines Freundes Claude de Forbin. Auch er stand als Musketier der Meere hoch in der Gunst von Ludwig XIV. Er unternahm seine Kaperfahrten

Gegenüber: Kolorierter Stich, der den französischen Korsaren Jean Bart darstellt (1650–1702). Mitte: Szene aus der Schlacht von Texel an der norwegischen Küste (1694). Ausgerüstet mit den Kaperbriefen des Sonnenkönigs brachte Bart der holländischen Flotte eine Niederlage bei.
Oben: Claude de Forbin (1656–1733), französischer Admiral und Freibeuter, teilte Ruhm und Gefängnis mit Jean Bart. (Lithographie aus dem Jahre 1845.)

auf dem Atlantik gegen die Engländer, im Mittelmeer gegen die Mauren und auf der Ostsee gegen die Holländer.

Unbesiegbarer Meister in der Seekriegstaktik war Hilarion de Contentin, Graf von Tourville. Im Jahre 1693 machten die Engländer am Kap San Vicente unliebsame Bekanntschaft mit ihm: Bei einem Seegefecht verloren sie unter seinem Kanonenfeuer 59 Schiffe. Noch besser war der Marquis Abraham Duquesne, der im Jahre 1683 die Stadt Algier unter Beschuß nahm, um dem dortigen Bey eine Lektion zu erteilen. Zu seiner Verblüffung sah der Marquis als Antwort auf seine Haubitzenkugeln den zerfleischten Körper des französischen Konsuls an Bord seines Schiffes niedergehen. Der Kon-

sul war von der sieben Meter langen Riesenkanone „La Consulaire" herübergeschossen worden.

Zu den berühmtesten Korsaren Ludwigs XIV. gehörte der ehemalige Priester René Duguay-Trouin, der viele englische Schiffe kaperte und den Kampf gegen die Barbaresken fortsetzte. 1711 nahm er im Kampf gegen die Portugiesen Rio de Janeiro ein, die stark befestigte und durch Kriegsschiffe gesicherte Hauptstadt Brasiliens. Gegen die Engländer kämpften außerdem Korsaren vom Schlag eines André de Souffren, der ihnen auf dem Indischen Ozean zusetzte, und Charles-Hector d'Estaing, der vor den Küsten Amerikas die Unabhängigkeitskämpfer gegen die Engländer unterstützte.

Forbin,
der Aufschneider

„Reden wie ein Gascogner" heißt es im Französischen. Man meint damit, daß jemand gern prahlt. Wenn Claude de Forbin auch in der Provence zur Welt gekommen ist, war er doch ein größerer Prahlhans als jeder Gascogner. Immerzu schmückte er seine Erzählungen mit Prahlereien aus, manchmal mußte er sich auch mit einer passenden Antwort den Mund stopfen lassen. Eine Antwort, die er bis zu seinem Tod nicht vergessen konnte, gab ihm sein bester Freund: sein Korsaren-Kumpan Jean Bart. Als sie sich im Hafen von Dünkirchen kennenlernten, wollte Forbin Bart klarmachen, daß König Ludwig nur einen einzigen Günstling hätte, nämlich ihn. Jean Bart entgegnete ihm, für die Korsaren des Königs von Frankreich gäbe es nur zweierlei: entweder gleichberechtigt miteinander zur See fahren oder aber sich offen bekriegen. Diese Worte waren schneidender als Säbelhiebe, und von diesem Augenblick an schlossen die beiden Freundschaft. Die wichtigsten Kaperfahrten im Auftrag des „Allerchristlichsten Königs" (so nannten sich die französischen Könige) unternahmen Bart und Forbin gemeinsam. Gemeinsam durchstanden sie auch die Gefangenschaft bei den Engländern. Gemeinsam gelang es ihnen, aus Plymouth zu fliehen, wo sie ohne Zweifel gemeinsam gehängt worden wären. Während dieser Flucht in einem kleinen unsicheren Boot und bei tobender See führte Forbin das Ruder, obwohl er schwer verwundet war. Später wurde er zum Kaperkapitän ernannt und erhielt den Oberbefehl über sechs Schiffe. Mit dieser kleinen Flotte stieß der „Gascogner" zu Jean Bart und Duguay-Trouin, die ihn im Kanal erwartet hatten. Zusammen zogen sie gegen die englischen und portugiesischen Handelsschiffe. Dieses Unternehmen brachte nicht den erwarteten Gewinn, weil Forbin in seiner Selbstgefälligkeit zu sehr auf eigene Faust gekämpft hatte. Zwar hatte er Glück und entging der Niederlage, aber sowohl die reiche Beute als auch der große Ruhm blieben aus. Und damit hatte er fest gerechnet. Forbin berichtete dann bei Hofe seine eigene Fassung von diesem Abenteuer und machte sich damit den großen Duguay-Trouin für immer zum Feind. Im Jahre 1707 fuhr er mit seinen Schiffen über den Polarkreis hinaus, um den holländischen und englischen Flotten die Alleinrechte auf den Herings- und Walfischfang streitig zu machen.

1710 nahm er den Abschied und zog sich ins Privatleben zurück. 1730 veröffentlichte er seine Lebenserinnerungen, und 1733 starb er. Er gehörte zu den Korsaren, die der Sonnenkönig mit größten Ehren überhäufte, weil sie auf mehr oder weniger rechtmäßige Weise dazu beitrugen, die französische Flagge auf den Meeren des halben Erdballs zu behaupten.

Oben: Duguay-Trouin erzwingt 1711 die Einfuhr in den Hafen von Rio de Janeiro (Zeitgenössischer Stich). Der Admiral und Korsar des Sonnenkönigs mußte sich im Laufe seiner langen Laufbahn mit Feinden aller Nationalitäten herumschlagen. Seiner glänzenden Siege wegen betrachtete Ludwig XIV. ihn als einen der besten seiner „Musketiere des Meeres".
Links: Bildnis von Duguay-Trouin.
Rechts: Heckansicht eines französischen Schiffes aus der Zeit von Duguay-Trouin.

Slawische Piraten

Nachdem sich die Republik Venedig gegen die jahrhundertelangen Bedrohungen durch die Genueser und die Türken behauptet hatte, mußte die „Serenissima" im 17. und 18. Jahrhundert mit einer neuen Gefahr fertigwerden, die ihren Schiffen im Adriatischen Meer drohte. Eine Handvoll Fanatiker, die sich zwischen den Felsnasen von Quarnaro festgesetzt hatte, wagte sich bei jedem Wetter aus ihrem Schlupfwinkel aufs offene Meer hinaus, griff auf kleinen Booten die großen Handelsschiffe an und bemächtigte sich aller Arten von Ladungen, die nach Venedig gehen sollten. Es waren

Piraten härtester Schule, die in einer fast klösterlichen Gemeinschaft zusammengeschlossen waren, Uskoken genannt wurden und slawischer, genauer gesagt, dalmatischer und bosnischer Herkunft waren. Sie wurden insgeheim unterstützt von den österreichischen Erzherzögen, die eifersüchtig waren auf Venedig und Angst hatten vor den Türken. Die Uskoken hatten ihren Hauptstützpunkt in Senj in der Nähe von Rijeka. Ehe sie sich zu ihren „Missionen" aufmachten, erhielten sie den Segen, vor allem aber die Instruktionen von den Mönchen zweier Klöster, die hinterher ihren Teil der Beute bekamen. Auf dem Meer waren die Uskoken unübertreffliche Ruderer: sie wechselten sich stündlich ab und konnten auf diese Weise in Booten, die nicht mehr als sechzehn Ruderplätze hatten, in einer einzigen Nacht hundert Meilen zurücklegen. Der Tod schreckte sie nicht. Wenn ein Uskoke starb, so

klopfte schon ein neuer „Glücksritter" – so nannten sich diejenigen, die aus freien Stücken Uskoken werden wollten – an die Klosterpforte, um seinen Platz einzunehmen.

Weniger versteckt ging das slawische Piratenwesen auf den großen Strömen Rußlands vor. Die russischen Piraten arbeiteten auf den langen breiten Strömen mit Methoden, die der Hochseepiraterie in nichts nachstand. Kerntrupp dieser Piraterie waren die Donkosaken, die für gewöhnlich eher als Reiter und weniger als Seeleute bekannt sind und aus den Steppen Asiens nach Europa gekommen waren. Die Dnjepr-Piraten hatten auf der Flußinsel Seč ihren Hauptstützpunkt und nannten sich „Saporoger Kosaken" (das bedeutet „die Männer hinter den Stromschnellen"). Ein langes Gedicht von Puschkin, „Vadim", hält die Erinnerung an andere Flußpiraten wach: die aus Schweden stammenden Nachfahren der Wikinger, die Gründer Nowgorods. Sein Gedicht „Die Brigantenbrüder" beschreibt die Wolga-Piraten und enthält eine Aufzählung der Länder, aus denen sie stammen:

So sieht man in ihrer Mitte den Flüchtling
Von den kriegerischen Gestaden des Don,
Den schwarzgelockten Hebräer
Und die wilden Söhne der Steppe,
Den Kalmücken, den ungestalten Baschkiren,
Den hochfahrenden Finnen und in seiner Trägheit
Den ewigen Nomaden, den Zigeuner.

Von all diesen Piraten sind weder Namen noch Daten überliefert worden. Sicher ist jedoch, daß sie auf ihren Zügen durch den Kontinent dazu beitrugen, neue Verbindungen zwischen den Meeren des Nordens und den Meeren Asiens zu schaffen und die germanischen und skandinavischen Völker mit den Erzeugnissen des Orients bekanntzumachen.

Links: Uskokische Seeräuber greifen bei Senj in der Nähe der heutigen Stadt Rijeka venezianische Handelsschiffe an.
Oben: Die dalmatische Küste mit ihren charakteristischen Buchten und Inselgruppen bot den Uskoken ideale Schlupfwinkel und gute Verstecke für die Beute. Unbestrittenes Reich der Uskoken war im 16. und 17. Jahrhundert die gesamte dalmatische Küste von Triest über Split und Korcula bis Dubrovnik. Ihre Gewalttaten erfüllten sie wie eine „Mission". Sie lebten in einer Art Klostergemeinschaft, deren Priester und Mönche, die an der Beute beteiligt waren, die Piraten in feurigen Predigten dazu ermahnten, ihre Pflicht als Kreuzfahrer zu erfüllen. Ganz Dalmatien kaufte bei ihnen zu günstigen Preisen, was sie von den Venezianern erbeutet hatten.

Von der Piratenküste bis Malaysia

Begeben wir uns im Geiste auf eine Reise zu den Schauplätzen der Piraterie im Indischen Ozean und in den westlichen Randmeeren des Pazifiks. Ausgangspunkt wäre der Persische Golf: die Piratenküste, die buchtenreiche Küste der Arabischen Halbinsel von Katar bis Oman. Weiter im Osten, an der Westküste des indischen Subkontinents, stoßen wir auf die Malabarküste, die ganz dem Indischen Ozean zugewandt ist. Haben wir Kap Komorin, den Südzipfel Indiens, umschifft und die Palkstraße, die Meerenge zwischen Indien und Ceylon, hinter uns, gelangen wir in den Golf von Bengalen und erreichen Malaysia. Wenn wir unsere Fahrt durch die Malakkastraße zwischen der Malayischen Halbinsel und Sumatra fortsetzen und zwischen den Tausenden und Abertausenden

von Inseln und Halbinseln Borneos, Thailands, Kambodschas, Vietnams und der Philippinen hindurchfahren erreichen wir das Südchinesische, dann das Ostchinesische und zuletzt das Japanische Meer. Dieses Gebiet ist riesig, immerhin kann man es aber geographisch abstecken. Schwieriger ist es schon, die Geschichte der fernöstlichen Piraterie mit Namen, Daten und Fakten zu belegen. Jahrtausendelang beherrschten einheimische Seeräuber die Meere. Als die Europäer in diese Gewässer kamen, vermischten sich portugiesische, holländische und englische Seeräuber mit den einheimischen und machten gemeinsam Jagd auf Handelsschiffe, die kostbare Ladungen zwischen Europa, Indien und China transportierten.

Wir wissen, daß es dem englischen Piraten Thomas Horton im 18. Jahrhundert gelang, sich zum König der Piratenküste krönen zu lassen. Wir wissen auch, daß andere Engländer an der Malabarküste der Dynastie der Angria dienten. Diese indische Piratenfamilie schätzte sie mehr und besoldete sie besser als ihre englischen Herrscher. Sie wurden von einem einheimischen Kriegerstamm, den Maharatti, und noch mehr von der britischen Marine unter den schon genannten Admirälen William James und Lord Robert Clive bekämpft und gegen Ende des 18. Jahrhunderts besiegt. Zur gleichen Zeit gingen die Engländer daran, auch Malaysia von den Piraten zu säubern. Nachdem die ersten Versuche gescheitert waren, errang der englische Kapitän James Brooke 1849 mit der Unterstützung des Sultans von Borneo und des Stammes der Dyaks einen Sieg über sie. Zum Lohn wurde Brooke zum Radscha von Sarawak ernannt und erhielt den Spitznamen „der weiße Radscha".

Wahrscheinlich nahm die Piraterie von Borneo erst ziemlich spät ihren Anfang, nämlich nach Ankunft der Spanier in der Malaiischen Inselwelt. Diese Piraten folgten dem schlimmen Beispiel der Europäer und entwickelten bald eine Grausamkeit, mit der sie in den folgenden Jahrhunderten die der anderen fernöstlichen Piraten übertrafen. Sie spezialisierten sich auf den Sklavenhandel und machten Batavia auf Sumatra – das heutige Djakarta – zu ihrem Hauptstützpunkt. Sie konnten sich lange behaupten und trieben bis zum zwanzigsten Jahrhundert ihr Unwesen.

Gegenüber, links: James Brooke, der „Weiße Radscha von Sarawak". Die Stadt Sarawak an der Nordwestküste Borneos war im 18. und 19. Jahrhundert Hauptsitz des malaiischen Piratenwesens. Brooke war von den Engländern ausgeschickt worden, um in diesem Teil des Orients endlich mit den Seeräubern aufzuräumen. Dazu gehörten auch die Dyak, ein Stamm von gefürchteten Kopfjägern. Noch grausamer waren aber die Geschützfeuer, mit denen Brooke und seine Leute sie vernichteten. Für jeden getöteten Dyak zahlte England hohe Kopfgelder. Rechts: dyakischer Pirat aus Kenowit.

Unten: Vernichtung von dreizehn chinesischen Dschunken in Mir Bay durch das englische Kriegsschiff *Medea*. Im 19. Jahrhundert führte England auf allen chinesischen Meeren einen erbarmungslosen Kampf gegen China. Erklärtes Hauptziel zu Anfang dieser Auseinandersetzungen war der Opiumhandel, den die Chinesen mit allen Mitteln aus dem Land halten wollten und gegen den sie harte Gesetze erlassen hatten. Gegen Ende des 19. Jahrhunderts machten die Engländer mit der Unterstützung der Regierungen der Philippinen und Indonesiens Jagd auf chinesische Piraten.

Der Opiumkrieg

Unten: Robert Surcouf an Bord des Opiumschiffs *Emile*. Dieser Seeräuber aus Saint-Malo, Neffe des großen Duguay-Trouin, war fast zehn Jahre lang der Schrecken der englischen Schiffe im Indischen Ozean. Er handelte mit Sklaven und mit Opium und wurde von den Behörden verfolgt. Listen und Schliche lagen ihm mehr als offene Kämpfe. Im Gegensatz zu vielen seiner Vorgänger verfuhr er mit seinen Opfern weniger grausam.

Opium wird aus dem dunkelbraunen, getrockneten Milchsaft des Schlafmohns gewonnen, der hauptsächlich auf Birma angebaut wird. Verwendung findet Opium in der Arzneimittelherstellung, in der Anästhesie, in der Parfümherstellung und auf vielen anderen Gebieten. Opium kann also sehr nützlich sein. Es kann aber auch die Persönlichkeit eines Menschen zerstören und zum Tode führen, denn der Genuß des Opiums macht süchtig. Die Chinesen haben seit frühesten Zeiten die Gefährlichkeit dieses Rauschgifts erkannt. Opium nach China einzuführen, galt von jeher als schweres Verbrechen und wurde mit harten Strafen geahndet. Die Länder, aus denen das Opium nach China eingeschmuggelt wurde, waren Birma, Malaysia, Sumatra, Borneo und ganz Indochina. Sie bauten damals Opium an und tun es leider heute noch. Die ersten Anzeichen des Sturmes, der China im Zeichen des Opiums heimsuchen sollte (und der nur den wirtschaftlichen Interessen des Westens diente), gab es schon im 16. Jahrhundert, als die Portugiesen auf der Insel Macao als erste einen Handelsstützpunkt im Fernen Osten errichteten. Schon damals begannen die Portugiesen, mit Opium Handel zu treiben, allerdings noch in kleinen Mengen.

Die Engländer waren die ersten Europäer, die den Opiumhandel in größerem Ausmaß betrieben: Zunächst als Schmuggler, dann mit unverhüllter Gewalt. Nie hat England seinen Kritikern mehr Grund gegeben, es der Habgier und des reinen Machtstrebens zu bezichtigen. Fest steht, daß die Engländer dabei vor nichts zurückschreckten. Als China, das jegliche Opiumeinfuhr verboten hatte, im Hafen von Kanton 20 000 englische Opiumkisten beschlagnahmte, brach der Krieg aus. England setzte den Admiral Elliot in den Ruhestand. Er

war zu sehr Ehrenmann gewesen, um mit den Schmugglern gemeinsame Sache zu machen und er hatte der englischen Krone gestanden, daß er die 20 000 Kisten Opium auf Befehl des chinesischen Kaisers hatte verbrennen lassen. An seine Stelle wurde der Admiral Pottinger gesetzt und China der Krieg erklärt. Von 1840 bis 1842 dauerte der Opiumkrieg zwischen England und China. Pottinger unternahm regelrechte Piratenfahrten entlang der Ostküste Chinas, fuhr die Flüsse hinauf und überfiel chinesische Städte und Dörfer. Die Chinesen weigerten sich, das Opium abzunehmen, das die Engländer ihnen mit Waffengewalt als Zahlungsmittel für den in England begehrten Tee aufzwingen wollten. Viele chinesische Piraten unterstützten ihr Vaterland und versuchten, englische Opiumschiffe aufzubringen. Aber in wenigen Wochen wurden fast hundert Dschun-

ken, deren Bambussegel leicht in Brand gerieten, vernichtet und zweitausend Piraten getötet, ohne daß die Engländer auch nur einen Mann verloren. Für die Chinesen wiederholte sich die Erfahrung, die sie bereits im 16. Jahrhundert gemacht hatten, als sie durch die Portugiesen zum ersten Mal mit dem Abendland in Berührung kamen: für sie waren die Europäer das „barbarischste Volk" auf Erden. Als der Opiumkrieg 1842 endete, setzten die Engländer die Friedensbedingungen fest: Hongkong wurde endgültig englischer Besitz und China öffnete seine Meere dem Opiumhandel.

Seitdem war Hongkong Zentrum des Opiumhandels. Er wurde von britischen Beamten kontrolliert, für die Tausende von indochinesischen und malaiischen Opiumbauern und Händlern arbeiteten und in deren Umgebung sich zum Schutz, aber mehr noch zur Durchset-

Oben: Beschießung der Forts von Taku, der alten chinesischen Stadt in der Gegend von Ho-pei am Südufer des Hai-ho-Deltas, nicht weit von der berühmten Stadt Tientsin. Tientsin war ein Handelszentrum, das die Europäer im 19. Jahrhundert für sich beanspruchten. Die Beschießung von See her fand am 21. August 1860 statt und endete mit der Landung von Streitkräften, die den Engländern den Weg nach Peking bahnten. Hier erklärte sich der Kaiser von China, Hsien Feng, mit dem „Vertrag von Peking" einverstanden.

zung dieses Handels eine intensive Piraterie entwickelte. Für England waren allerdings mit Beendigung der Feindseligkeiten die Probleme hinsichtlich des freien Opiumhandels nicht gelöst. Der Verzicht des chinesischen Kaisers auf seine Rechte weckte in den Chinesen ihr Nationalgefühl. Viele von ihnen betrieben weiter den Piratenkrieg gegen die Opiumschiffe. Andere entthronten unter der Führung des Rebellen Hung-Sen-Tsuen den Kaiser und gründeten eine neue Dynastie.

Der Halbmond
im Niedergang

Als die Piraten an der afrikanischen Küste zu Beginn des 19. Jahrhunderts zu spüren bekamen, daß Europäer und Amerikaner ihre Macht endgültig niederwerfen wollten, leisteten sie harten Widerstand. Bis jetzt waren alle Strafexpeditionen gegen die Barbaresken erfolglos geblieben. Ihre Grausamkeit war von allen gefürchtet und richtete sich zunächst gegen die ausländischen Gäste im eigenen Land. Als die Franzosen Ende des 17. Jahrhunderts Algier belagerten, sollen die Algerier 48 französische Einwohner der Stadt, darunter den Konsul, mit Mörsern gegen das feindliche Geschwader geschossen haben. Um 1820 schreibt der französische Generalkonsul: „Man muß das Übel an der Wurzel ausreißen und die Stadt Algier, die Seele der Piraterie, belagern." Zehn Jahre später war es so weit. Eine fast 40 000 Mann starke Armee beschoß Algier. Der Feldzug dauerte sechs Wochen. In der ersten Juliwoche des Jahres 1830 fiel Algier.

Seit dem 16. Jahrhundert bedrohten islamische Piraten nicht nur die Schiffahrt im Mittelmeer, sondern sie segelten über Gibraltar hinaus und kamen bis nach England und Dänemark. Ihre Herrschaft wurde möglich durch die undurchsichtige Politik vieler europäischer Staaten. Militärische Strafaktionen gegen die Piratenstützpunkte an der nordafrikanischen Küste waren die Ausnahme, meistens zahlten die Regierungen stillschweigend Tribute an die Beis, damit ihre Piraten den Handelsgegner schädigen und die Schiffe der eigenen Nation verschonen sollten.

Die drei Barbareskenstaaten Tripolis, Tunis und Algier hatten seit Jahrhunderten aus-

Im Jahre 1803 erreichten die Spannungen zwischen den Vereinigten Staaten von Amerika und den Barbareskenstaaten, die seit vier Jahren den amerikanischen Schiffsverkehr in ihren Gewässern boykottierten, ihren Höhepunkt. Präsident Jefferson schickte Kriegsschiffe ins Mittelmeer. Am 31. Oktober 1803 wagte sich die Fregatte *Philadelphia* unter dem Kommando von Kapitän William Bainbridge in den Hafen von Tripolis. Das Schiff wurde von den Barbaresken erobert, die mit den Kanonen der Fregatte das Feuer auf die anderen amerikanischen Schiffe eröffneten. Erst in der Nacht zum 16. Februar 1804 wurde der Kampf beendet: Leutnant Stephen Decatur überfiel mit einem Kommando von vierundsiebzig Mann die *Philadelphia* und steckte sie in Brand. Dann zog er sich zurück – bis auf einen waren alle seine Leute heil davon gekommen.

Oben: Das tragische Ende des französischen Konsuls in Algier, 1683. Während der französischen Strafexpedition gegen die Piraten von Algier sollen diese achtundvierzig Einwohner der Stadt, darunter den Konsul, mit Kanonen gegen die französischen Schiffe vor der Stadt geschossen haben.

Unten: Beschießung von Algier im Jahre 1816.

schließlich von der Seeräuberei gelebt. Nun wurden sie vom osmanischen Reich, deren schlecht behandelte, aber stolze Vasallenstaaten sie gewesen waren, ihrem Schicksal überlassen. Zum ersten Mal in der Geschichte mußten sie ohne Seeräuberei weiterleben. Sie mußten sich ergeben, und das war demütigend und entehrend, aber im Bewußtsein der Nachfahren des Rotbarts Chair Ad Dins war alles beim alten geblieben – in dem Abkommen, das sie mit Frankreich unterzeichneten, heißt es: „Verzicht auf das Recht, Piratenzüge zu unternehmen." So wird deutlich, daß sie die Piraterie als ihr angestammtes Recht betrachteten.

Auch an den Küsten des Balkans wurde die Macht der osmanischen Piraten gebrochen. Griechenland wagte es, sich gegen die Türken zu erheben, und erkämpfte sich 1829 seine Unabhängigkeit. Gleichzeitig gelang es, mit den Seeräubern aufzuräumen, die unter dem Kommando des Piratenführers Drama Pascha das östliche Mittelmeer unsicher machten. Aber wie sah der Niedergang des islamischen Piratenwesens im einzelnen aus? England gehörte auf dem Wiener Kongreß zu den Mächten, die sich für die Beendigung der Barbareskenherrschaft einsetzten. Admiral Sir Sidney Smith sagte damals: „Hier werden so viele Worte über den Negerhandel in Westafrika verloren, aber niemand spricht davon, die Piraterie auszurotten, die an den Küsten des östlichen Mittelmeeres blüht." Weise Worte, die auf ein schwaches Echo stießen. So beschloß England, auf eigene Faust zu handeln, und unternahm zwischen 1815 und 1820 mehrere militärische Aktionen gegen Tripolis, Tunis und Algier. Die Piratenhäfen wurden schweren Beschießungen durch englische und auch holländische Geschwader ausgesetzt. Auch Frankreich, Spanien, der König von Sardinien, der König von Neapel und sogar der Papst gingen energisch gegen die Barbareskenstaaten vor. Europa kämpfte mit allen Mitteln, um die Macht der Barbaresken endgültig zu zerschlagen. Allerdings waren das alles Einzelaktionen der betroffenen Länder. Es fehlte eine koordinierte Kriegsführung. Sobald die Gefahr vorüber war, tauchten die Piraten wieder auf, entschlossen, ihre Macht zu behaupten.

Die Korsaren
der Freiheit

Oben: Zwei Enterszenen in einem Seegefecht zwischen französischen Korsaren und englischer Kriegsmarine. Auf dem linken Bild ist das Schiff der Angreifer beim feindlichen Schiff längsseits gegangen. An Seilen, die man mit Enterhaken in der feindlichen Takelage oder Bordkante verhakt, ziehen sich die Piraten an Bord und erstürmen das Schiff im Nahkampf (rechtes Bild).

Viele Probleme, die durch die europäische Zivilisation in Amerika entstanden waren, kamen erst in der ersten Hälfte des 19. Jahrhunderts ans Tageslicht. Neben Sklavenhandel und Sklavenhaltung sind die Unabhängigkeitsbestrebungen vieler, vor allem der südamerikanischen Kolonien, die wichtigsten. Keine der Kolonialmächte hatte eine reine Weste, alle hatten ihr Geld mit nicht immer legalen Methoden verdient: von den Spaniern zu den Portugiesen, von den Engländern zu den Franzosen und schließlich auch die Amerikaner in den Vereinigten Staaten. Um die Engländer aus Louisiana zu vertreiben, zögerten die Amerikaner im Jahre 1814 nicht, die Brüder Jean und Pierre Laffitte, bekannte Sklavenhändler und

Schmuggler, für ihre Sache einzusetzen. Die Unabhängigkeitskämpfer in Südamerika machten es nicht anders. Ihnen schlossen sich Freiwillige aus vielen europäischen Ländern an: Engländer, Italiener, Franzosen, die aus ihrer Heimat geflohen waren, weil sie wegen ihrer Freiheitsideale von den herrschenden Regierungen verfolgt wurden. Für viele von ihnen war die Teilnahme am Unabhängigkeitskampf Südamerikas eine gute Gelegenheit, Erfahrungen zu sammeln für die Freiheitskämpfe, die sie später in ihrer Heimat führen würden. Zu den italienischen Freiwilligen gehörte ein junger Mann, der unter der Flagge der brasilianischen Republik Rio Grande gegen die Übermacht von Pedro II., dem portugiesischen Kaiser von

Brasilien, kämpfte. Zuvor war er Offizier in der Flotte des Bei von Tunis gewesen, wo er das Piratenhandwerk erlernt hatte. Dann wurde er Offizier in der Flotte des Königs von Sardinien. Sein Name ist Garibaldi. 1837 wurde er Kommandant eines Schiffes, das er nach einem anderen großen italienischen Freiheitskämpfer *Mazzini* nannte. Er kreuzte vor der Küste Brasiliens und Argentiniens und war im Besitz von Kaperbriefen, die der Präsident der jungen Republik Rio Grande ihm ausgestellt hatte und die ihn ermächtigten, die Schiffe von Kaiser Pedro II. anzugreifen. Er geriet in Uruguay in Gefangenschaft und lernte Folter und Kerker kennen. Schließlich gelang es ihm, zu entkommen, und er konnte den Kampf gegen die Unterdrücker wieder aufnehmen. Ein anderer Italiener, der mit denselben Zielen unter die Piraten gegangen war und auf Korsarenschiffen für die Freiheit kämpfte, war Giuseppe Bavastro. Er hatte unter Napoleon Bonaparte im Jahre 1800 gegen die Engländer und Österreicher gekämpft, um Genua zu befreien. An Bord seines Schiffes *Intrepido* („Der Unerschrockene") kämpfte er bei Tanger gegen englische Korsarenschiffe und brachte zwei von ihnen auf. An der Seite von Simon Bolívar beteiligte er sich an den südamerikanischen Unabhängigkeitskriegen. Zusammen mit Bolívar führte er das Kommando über ein anderes Korsarenschiff und unterstützte in Argentinien den Freiheitskampf.

Unten: Giuseppe Garibaldi führte während der Freiheitskämpfe in Südamerika das Kommando über eine Korsarenflottille. Sieben Meilen von Punta Jesus Maria (Uruguay) entfernt, trifft er mit einem feindlichen Schiff zusammen. Der Steuermann, ein Freiwilliger aus Florenz, wird getötet, Garibaldi am Hals verwundet.

Auf den Meeren der Neuen Welt

In dem Krieg, in dem die heutigen Vereinigten Staaten von Amerika ihre Unabhängigkeit von der Kolonialmacht England erlangten, kämpften mindestens 1150 Freibeuterschiffe gegen die englische Krone. Unter den Kapitänen ragt besonders der Schotte Paul Jones (1747–1792) hervor. Die Bezeichnung Freibeuterschiff galt und gilt auch noch in der heute herrschenden Gesetzgebung für jedes in Privatbesitz befindlichen Seefahrzeug, dem eine Regierung offiziell

militärische Aufgaben überträgt und das damit zu einem Kriegsschiff wird. In einem solchen Fall stellt die Regierung ein Ermächtigungsschreiben aus, das den Kapitän befugt, den „Kaperkrieg" zu führen. Nach dem Seefahrtsrecht sind Schiffe, die im Besitz eines solchen Kaperbriefes sind, autorisiert, alle Schiffe anzugreifen, die unter feindlicher Flagge fahren.

Als zwischen den amerikanischen Nord- und Südstaaten der Bürgerkrieg ausbrach, versuch-te die Union (die Nordstaaten) zu erreichen, daß die Schiffe der südamerikanischen Konföderierten auch dann als Freibeuterschiffe betrachtet wurden, wenn sie im Besitz von Kaperbriefen waren. Die europäischen Mächte aber lehnten ab. Sie hatten die Konföderation der Südstaaten bereits offiziell anerkannt und wollten verhindern, daß der Süden durch eine solche Regelung der Freibeuterei behindert würde. Während der gesamten Dauer des

Sezessionskrieges, von 1861 bis 1865, verkehrten zahlreiche Dampfschiffe, Freibeuter der Konföderierten, zwischen den Bermudas und den Häfen der Südstaaten. Sie brachten Waffen und Munition von den Bermudas in die Südstaaten und fuhren mit Baumwolle beladen wieder zurück. Die zu Tarnzwecken grau gestrichenen und mit Anthrazit beheizten Schiffe entgingen mit Erfolg den Patrouillenschiffen der Union.

Gegenüberliegende Seite: Zwei Briefmarken, die anläßlich der Zweihundertjahrfeier der amerikanischen Unabhängigkeit 1976 von der Republik Madagaskar herausgegeben wurden. Die Marke zu 200 Francs zeigt das Bild von Paul Jones (1747–1792). Der Schotte schloß sich 1775 den amerikanischen Unabhängigkeitskämpfern an und spielte im Kaperkrieg gegen die Engländer eine bedeutende Rolle. Die Amerikaner sehen in ihm einen der Begründer ihrer Kriegsmarine.
Oben: Die Schlacht in der Hampton Roads Bay während des Sezessionskrieges. In dieser Schlacht, die am 8. und 9. März 1862 stattfand, standen sich die *Monitor* der Nordstaaten und die *Virginia* der Südstaaten gegenüber. Die *Monitor* verlor ihren Kommandanten und mußte sich zurückziehen. Die *Virginia* wurde zerstört.

DESTRUCTION OF TWO SPANISH SLAVERS IN THE MOZAMBIQUE CHANNEL, BY H.M.S. "PENELOPE."—(SEE NEXT PAGE.)

Die letzten
Sklavenschiffe

Wir haben schon erwähnt, welche große wirtschaftliche Bedeutung die Sklaverei in der Antike und im Mittelalter hatte. Nach dem starken Rückgang der Sklaverei zwischen dem 10. und 14. Jahrhundert (eine Folge davon, daß viele Freigelassene verpflichtet waren, ihre Arbeitskraft in der Landwirtschaft einzusetzen) nahm die Sklaverei im 15. Jahrhundert mit dem Aufkommen der wohlhabenden Klassen, die Sklaven als Hausdiener, Köche, Gärtner und Kutscher kauften, einen neuen Aufschwung. Genua und Venedig kauften Sklaven von der Türkei: Armenier, Zirkassen, Serben, Bulgaren und Schwarze aus Nordafrika. Die Portugiesen, die sich im 17. Jahrhundert im Golf von Guinea festsetzten, brachten afrikanische Sklaven nach Europa. Selbst der Papst zögerte nicht, den Portugiesen zu raten, die Muslims zu Sklaven zu machen. Im Jahre 1488 erhielt Innozenz VIII. von Ferdinand dem Katholischen 100 Negersklaven zum Geschenk.

Die Barbaresken spezialisierten sich auf den Handel mit einer besonderen Art von Sklaven, deren Hauptlieferant der Sudan war: Eunuchen, die als Haremswächter eingesetzt wurden. Sie wurden sehr teuer gehandelt, weil offenbar nur jeder zehnte die Kastrierung überlebte. In der Neuzeit, mit der Entdeckung Amerikas und der Entwicklung der Landwirtschaft in der Neuen Welt, wurde der Sklavenhandel mit immer grausameren Methoden immer mehr ausgebaut. Davon waren die Schwarzen aus Nordafrika am meisten betroffen und daran verdienten am meisten die Portugiesen. An die afrikanischen Schwarzen dachten die amerikanischen Siedler erst, als sie gesehen hatten, wie wenig die Indios der schweren Arbeit auf den Feldern und in den Minen gewachsen waren und wie hoch die Kosten für weiße Arbeiter waren, die man anheuerte oder aus dem Gefängnis freikaufte. Der Handel wickelte sich in einem Dreieck ab. In den europäischen Ländern luden die Sklavenhändler ihre Schiffe voll mit wertlosem Tand. Wenn sie in Afrika ankamen, tauschten sie diese Waren gegen Schwarze, die meistens Gefangene anderer Schwarzer waren. Dann transportierten sie die Unglücklichen in die Neue Welt hinüber, um sie dort zu verkaufen oder gegen Landesprodukte einzutauschen, die sie dann in Europa verkaufen konnten. Die Sklavenhändler rechneten jedes Mal schwere Verluste ein: sieben von zehn Schwarzen kamen auf der Überfahrt nach Amerika um.

Bordeaux, Nantes und Liverpool verdankten ihre Entwicklung und damit ihren Reichtum dem Sklavenhandel. Erst mit Beginn des 18. Jahrhunderts – also mit der Epoche der Aufklärung und des Humanismus – wurde die Sklaverei bekämpft. Das führte dazu, daß gegen Ende des Jahrhunderts die ersten Gesetze gegen die Sklaverei erlassen wurden. Der Wiener Kongreß im Jahre 1815 beschloß das allgemeine Verbot des Sklavenhandels. Im internationalen Recht wurde der Sklavenhandel nun weitgehend mit Piraterie gleichgesetzt. Noch in unserem Jahrhundert, 1926, mußte die internationale Zusammenarbeit bei der Bekämpfung der Sklaverei durch die Unterzeichnung der Antisklaverei-Akte bekräftigt werden.

Zu den bekanntesten Negersklavenhändlern gehörten die Franzosen Jean und Pierre Laffitte. In der Bucht von Barataria am Mississippi-Delta trieben diese beiden Brüder in der ersten

Hälfte des vorigen Jahrhunderts ein einträgliches Geschäft mit schwarzen Sklaven. Allerdings holten sie sich ihre „Ware" nicht von der Westküste Afrikas. Sie waren Piraten und zogen es vor, die Sklavenschiffe vor ihrer Ankunft in den Häfen aufzubringen. Es wurde ihnen mehr als einmal der Prozeß gemacht, doch gelang es ihnen immer, einer Verurteilung zu entgehen. Sie hatten durch ihren großen Reichtum auch großen Einfluß, und es fiel ihnen nicht schwer, die korrupten amerikanischen Beamten zu bestechen.

Gegenüber, oben: Ein Schnellboot des englischen Kriegsschiffs *London* verfolgt in der Nähe von Sansibar ein Sklavenschiff (1881). Unten: Das englische Schiff *Pinguin* versenkt im Kanal von Mosambik zwei spanische Sklavenschiffe. England erklärte 1833 den Sklavenhandel für gleichbedeutend mit der Piraterie und verfolgte die Sklavenschiffe mit besonderen Kriegsschiffen im Atlantik und im Indischen Ozean.

Unten: An Bord eines Sklavenschiffs. Das traurige Geschäft des Sklavenhandels blühte, als die Europäer in Amerika die einheimische Bevölkerung ausgerottet und keine Arbeitskräfte mehr für ihre Plantagen und Bergwerke hatten. Die Brüder Jean und Pierre Laffitte taten sich darin ganz besonders hervor. Noch 1810 überfielen sie mit „schwarzem Elfenbein" beladene Schiffe. Die erbeuteten Sklaven verkauften sie dann im Mississippi-Gebiet.

105

Zwei Jahrhunderte chinesischer Piraterie

In den asiatischen Meeren gab es die ersten Seeräuber der Welt. Die chinesische Piraterie entwickelte sich schon ein paar Jahrtausende, bevor die ersten Seeräuber im Mittelmeer ihre Raubzüge unternahmen. Die ersten Gegner der chinesischen Piraten waren die japanischen Seeräuber. Zu ihnen gesellten sich im Mittelalter und in der Neuzeit die Portugiesen. Bekannt ist Simon Andrada, der sich 1540 an den chinesischen Küsten als Sklavenhändler großen Stils betätigte. Danach kamen die Engländer und die Holländer. Gegen ihre Flotten kämpfte mit Löwenmut der berühmteste Pirat des großen chinesischen Kaiserreiches – Koxinga, der Eroberer von Formosa. In der Neuzeit waren diejenigen, welche die Ehre der chinesischen Piraten hochhielten und den Ruhm noch vergrößerten . . . ihre Witwen!

Die erste „gelbe Witwe", die in die Piratengeschichte eingegangen ist, war die Dame Ching Yih Saoa. 1807 hatte sie das Kommando über eine Flotte, die unter ihrer Leitung und nach zwei Jahren harter Arbeit über sechs Kampfgeschwader mit insgesamt 800 großen und 1000 kleinen Dschunken mit etwa 70 000 Piraten, Männer und Frauen, verfügte. Ihr Mann war Freibeuter des Kaisers gewesen und wegen seiner Taten hatte man ihn „König der Piraten" genannt. Der Kaiser ließ ihm jedoch den Prozeß machen, da er die Grenzen seiner ihm anvertrauten Aufgaben überschritten hatte. Madame Ching trat an seine Stelle, um ihn zu rächen, überstrahlte nach zehn langen Jahren den nicht geringen Ruhm ihres Gatten und wurde die „Geißel der östlichen Meere" genannt. Von Madame Ching könnte man vieles berichten: daß sie edelmütig war, gerechte Gesetze erließ und ihren Piraten weise Befehle erteilte, daß sie Mut hatte und bei Freund und Feind in hohem Ansehen stand. In mehreren Seegefechten

Gegenüberliegende Seite, oben: Chinesische Piraten bei einem Überfall auf den Passagierdampfer *Tahiuna* im Jahre 1923. Unten: Andere chinesische Piraten bringen 1936 ein englisches Dampfschiff in ihre Gewalt. Die chinesischen Piraten griffen mit einer ganz neuen, raffinierten Methode an: sie gingen als Touristen aufgemacht oder als Seeleute verkleidet an Bord und griffen die Besatzung auf hoher See an. Oben: Überfall chinesischer Piraten (Illustrationen aus der Zeit um die Jahrhundertwende).

schlug sie die Streitkräfte des Kaisers. Sie unternahm ihre Züge nicht nur auf dem offenen Meer, sondern auch auf den Flüssen im Landesinneren.

Um die Mitte des 19. Jahrhunderts vollzog sich die Laufbahn von zwei weiteren großen Piraten: Shap-ng-Tsai und Chui Ah Poo. Mit ihren aus vielen Dschunken bestehenden Flotten machten sie der kaiserlich-chinesischen Marine und der königlich-britischen Navy unter Admiral John Darlymple viel zu schaffen. Als Shap-ng-Tsai geschlagen wurde, gelang es ihm, sich zu retten und vom Kaiser eine Begnadigung und einen ruhigen Posten zu erwirken. Chui Ah Poo hingegen wollte sich nicht von seinen Raubzügen abbringen lassen, bis er, von Spionen verraten, in die Verbannung geschickt wurde und es vorzog, seinem Leben mit eigener Hand ein Ende zu bereiten.

Um 1920 trieb wieder eine Piratin, die Dame Hon-cho-lo, ihr Unwesen. Sie übertraf die Dame Ching nur in der Schwere ihrer Verbrechen, die sie an der Seite des Generals Wong-min-tong beging. Ein Jahrzehnt später war die Reihe an der Dame Lai Choi San, die um 1930 an der Küste zwischen Hongkong und Schanghai Raubzüge unternahm. Später zog sie sich nach Java zurück, um dort ihre Schätze zu genießen. Dort lebt sie vermutlich noch immer. Von ihr wird berichtet, sie liebe es, barfuß und schlecht gekleidet umherzugehen, obwohl die Piraten von Macao sie „Königin" genannt hatten.

Piraterie
und Gesetz

An diesem Punkt der Piratengeschichte, da wir in unser Jahrhundert eintreten, das heißt, in eine Epoche, in der es mehr Möglichkeiten gibt, dem Gesetz Geltung zu verschaffen, muß man sich fragen, ob Gesetze gegen Piraten überhaupt einen Sinn haben, welche Wirksamkeit sie haben und welche Mittel uns gegeben sind, sie durchzusetzen. Fangen wir damit an, genau zu definieren: Ein Piratenakt im Sinne eines auf See ausgeführten Raubes gilt nur dann als Piratenakt und nicht als einfacher Raub, wenn er außerhalb der Hoheitsgewässer verübt wurde, die sich für gewöhnlich bis zu drei Seemeilen – etwa sechs Kilometer – von der Küste ins Meer erstrecken. So fällt nämlich die Piraterie unter die internationale Gesetzgebung. Jedes Seefahrzeug, unter welcher Flagge auch immer, hat das Recht, Piraten dingfest zu machen und sie in den nächstgelegenen Hafen zu schaffen, damit sie verurteilt werden können. In den meisten Fällen gilt die Piraterie als ein schweres Verbrechen, das – dort, wo es diese Strafe noch gibt – mit dem Tode oder sonst mit Zuchthaus bestraft wird. Ein Piratenschiff kann schließlich von der Nation, die den Überfall erlitten und die Gefangennahme durchgeführt hat, beschlagnahmt werden – der Gewinn geht in die Staatskasse.

Die Piraterie ist eigentlich schon seit ältester Zeit äußerst hart verurteilt worden. Gleichwohl hat die Tatsache, daß die Verbrechen auf See verübt werden und damit die auf See herrschenden Schwierigkeiten erst einmal überwunden werden müssen, die Verbrechen in gewisser Weise veredelt und dazu geführt, daß die Piraten zu Ruhm und Ehren gelangten und nicht selten als Helden gefeiert wurden. Aus diesem Grunde hatte die Auffassung von Piraterie als Verbrechen anfangs Schwierigkeiten,

sich im internationalen Recht überhaupt durchzusetzen. Noch 1937, zu einer Zeit, da in Spanien der Bürgerkrieg herrschte, erklärten die Großmächte den Angriff eines Unterseebootes auf ein Handels- oder Privatschiff zu einem Akt der Piraterie. Die Seestreitkräfte der Nation, der das von einem Unterseeboot angegriffene Handelsschiff gehörte, wären berechtigt gewesen, ihrerseits das Unterseeboot anzugreifen, es zu kapern oder zu versenken. Die Rechtsfrage der Piraterie im Kriegsfall blieb lange ungeklärt: 1907 legte die VII. Haager Konferenz fest, daß Handelsschiffe als Kriegsschiffe eingesetzt werden dürfen, wenn sie eine Kriegsflagge führen und die Mannschaft einem militärischen Kommando untersteht. Nach diesen Gesetzen führten noch in den beiden großen Weltkriegen zu Kriegsschiffen umgerüstete Handelsschiffe Kaperkrieg.

England betrachtet auch die Meuterei als Piraterie und steht damit im Gegensatz zu den internationalen Gesetzen. Das internationale Recht nämlich sieht eine Meuterei auch dann

Oben, links: Italienische Schiffe vernichten Piratenklipper im Roten Meer (1900). Rechts: Bretonische Strandräuber (1906). Die Strandräuber stehen in engem Zusammenhang mit den Seeräubern, denn schließlich lebt der Strandräuber von dem, was bei einem Schiffbruch übrigbleibt. Im Laufe der Jahrhunderte hat man immer wieder neue Regelungen getroffen, wem das Strandgut zufallen soll. Schon in der römischen Gesetzgebung gab es ein Strandrecht. Nach diesem Gesetz hatten die Küstenbewohner das Recht, alles Strandgut und sogar ganze Wracks in ihren Besitz zu nehmen. Trotz verschiedener königlicher und päpstlicher Verordnungen, die gegen dieses Recht gerichtet waren, hielt man an dieser Regelung jahrhundertelang fest. In die Auseinandersetzungen über das Strandrecht waren im Mittelalter unter anderen Friedrich II. von Hohenstauffen und in der Renaissance Papst Julius II. verwickelt.
Links: Eine Brigantine verfolgt eine Felukke, um sie zu entern. Nach einem Stich aus dem 18. Jahrhundert.

nicht als Piraterie an, wenn sie sich in gewalttätiger Form vollzieht und dazu führt, daß die Kontrolle des betreffenden Schiffes vom Kommandanten auf die meuternde Besatzung übergeht.

Zu Beginn des vorigen Jahrhunderts galt auch der Sklavenhandel als Piraterie. Dazu wurde er 1820 in den Vereinigten Staaten erklärt. Kaum fünf Jahre später jedoch gelangte man zu der Überlegung, daß der Sklavenhandel nach internationalem Recht in keiner Weise als Piraterie angesehen werden könne.

Freibeuter im Ersten Weltkrieg

Die Entwicklung des modernen Schiffbaus konnte der Seeräuberei selbst während der beiden großen Weltkriege nicht ihre romantische Seite nehmen. Während des Ersten Weltkrieges machte Graf Luckner mit seiner *Seeadler* die Meere unsicher. Das Schiff tauchte zuerst 1916 auf. Es war ein englisches Dreimastvollschiff, das die Deutschen gekapert und in aller Heimlichkeit in ein bewaffnetes, mit einem Dieselmotor von 1000 PS ausgestattetes Kriegsschiff umgebaut hatten. Zwar war es nur mit einer einzigen Kanone am Bug bewaffnet, doch im Innern des Hauptmastes war ausreichend Platz für die Waffen der gesamten Besatzung und – was wichtiger war – Uniformen der Kaiserlichen Kriegsmarine, die die Mannschaft jedesmal anlegte, ehe sie das Feuer eröffnete. Die *Seeadler* operierte rund sechs Wochen lang und brachte 30 000 Bruttoregistertonnen feindlichen Schiffsraum auf. Allerdings achtete der Kommandant, Felix Graf Luckner, immer darauf, daß die feindliche Besatzung in Sicherheit war, bevor das Schiff versenkt wurde. Die abenteuerlichen Fahrten der *Seeadler* fanden im Pazifik ihr Ende: Das Schiff lief auf eine Sandbank auf, und die Besatzung geriet in Gefangenschaft.

Auch der Einsatz der deutschen U-Boote ist als Piraterie zu verstehen. Die U-Boote waren mit schweren Geschützen, vor allem mit Torpedos, ausgerüstet. Eines davon, *U 20*, versenkte 1915 den englischen Passagierdampfer *Lusitania* von der Cunard Line. 1200 Menschen kamen ums Leben.

Die Westentaschenkreuzer

Unten: Das deutsche Kaperschiff *Atlantis*, getarnt als japanisches Handelsschiff mit dem Namen *Kashii Maru*. Die *Atlantis* war während des Zweiten Weltkriegs im Einsatz und wurde am 22. November 1944 von dem englischen Zerstörer *Devonshire* versenkt. Sie war einer von den vielen leichten Kreuzern, die Deutschland auf allen Meeren auf Kaperfahrt schickte. Sie wurden Handelsstörkreuzer (HSK) genannt. Die *Atlantis* versenkte insgesamt 145 000 Bruttoregistertonnen feindlichen Schiffsraum.

Im Zweiten Weltkrieg wurde Kaperkrieg und die Jagd auf feindliche Handelsschiffe von den Deutschen in viel größerem Ausmaß betrieben als im Ersten Weltkrieg. Man setzte eine neue Klasse von Kriegsschiffen ein. Es waren kleine, aber dennoch äußerst leistungsfähige gepanzerte Kreuzer, die den Spitznamen „Westentaschenkreuzer" erhielten. Am besten in Erinnerung geblieben sind die *Deutschland* und die *Admiral Graf Spee,* die in nur hundert Tagen fünfzehn feindliche Schiffe versenkte. Die *Graf Spee* endete in der La-Plata-Mündung, wo sie von britischen Kreuzern aufgespürt wurde. Der Kommandant, Hans Langsdorff, ordnete die Versenkung an, nachdem die Besatzung in Sicherheit gebracht war. Er selbst beging Selbstmord.

Die größten Verluste wurden den Flotten der Alliierten jedoch von Kaperschiffen zugefügt, die als Handelsschiffe getarnt waren und unter

Gegenüber, oben: Deutsches Protestplakat gegen die Kaperung des deutschen Handelsschiffs *Altmark* durch das britische Kriegsschiff *Cossack* im Zweiten Weltkrieg. Unten: Auftauchen eines deutschen U-Bootes, nachdem es im Nordatlantik von einer Unterwasserbombe getroffen wurde, die ein geschützter Geleitzug englischer Handelsschiffe abschoß. Im Vordergrund sieht man die Torpedowerfer eines britischen U-Boot-Jägers. (Gemälde von Norman Wilkinson.)

allen möglichen Flaggen fuhren. Der Dampfer *Kormoran* (früher *Steiermark*) wechselte mindestens dreimal den Namen: aus *Raider G.* wurde *Schiff 41* und schließlich *HSK 8.* Die Engländer und Amerikaner machten erbarmungslos Jagd auf dieses Schiff. 1941 wurde es auf den Grund des Meeres geschickt, nachdem es vorher noch den australischen Kreuzer *Sidney* versenkt hatte. Die Besatzung der *Sidney* ging mit Mann und Maus unter. Die Besatzung des deutschen Kaperschiffes konnte sich retten. Weniger berühmt für ihre Tarnung als für ihre

vielen Versenkungen waren die *Schiffe 10, 16, 33* und *28*, die als „Handelsschiffe" die Namen *Thor, Atlantis, Pinguin* und *Michel* geführt hatten. Keines war größer als 9000 Tonnen, jedes versenkte aber zwischen 122 000 und 145 000 Bruttoregistertonnen. Alle vier wurden später von den Alliierten versenkt.

Die Italiener bauten Kleinst-U-Boote, großkalibrige und lenkbare Torpedos, in denen zwei Besatzungsmitglieder Platz hatten. Sie waren mit fast geräuschlosen Elektromotoren ausgestattet. Ihre Aufgabe bestand darin, die Schutzabsperrungen der feindlichen Häfen zu überwinden, unter die Rümpfe der zu versenkenden Schiffe zu tauchen und dort ihre Sprengladungen anzubringen. Auf diese Weise gelang es den Italienern, den schwer befestigten Hafen von Alexandria zu zerstören. Die Engländer bauten einen ähnlichen Typ von Kleinst-U-Booten mit einer Wasserverdrängung von 35 Tonnen und einer Besatzung von vier Mann. Berühmt geworden sind die *X 6* und die *X 7*, die in einem norwegischen Fjord den 40 000 Tonnen schweren deutschen Panzerkreuzer *Tirpitz* in die Luft jagten.

Die letzten
Seeräuber

Heute ist die Piraterie auf allen Meeren so gut wie unbekannt. Würde ein Schiff auf Piratenfahrt gehen, wäre es früher oder später aufgebracht. Eine Piraterie, die vermutlich nie verschwinden wird, ist allerdings die der malaiischen Inselwelt. Hier gibt es noch Piraten, die Küsten und Handelsschiffahrt verunsichern und sich weder durch Flaggen noch durch auffällige Aktionen zu erkennen geben.

Unter malaiischen Piraten verstehen wir alle diejenigen, die heute noch in Indonesien, auf den Philippinen, den Molukken und vor allem auf Borneo, Celebes und Singapur Piraterie ausüben. Wenn auch die bekanntesten Piratengestalten die der Karibik sind, so gab es sie in der südostasiatischen Inselwelt am zahlreichsten. Und es gibt sie noch heute. Man hat versucht, das Geheimnis der malaiischen Piraterie mit der angeborenen Abenteuerlust, der Armut, Asozialität, der noch ursprünglichen

Lebensweise der Bevölkerung dcr Inscln zu erklären. Die malaiische Piraterie besteht seit Jahrhunderten und noch heute, unkontrollierbar für jede Regierung. Viel ist unternommen worden, um den Piraten das Handwerk zu legen. Aber selbst moderne Waffen und Taktik versagten. Erst 1962 startete die englische Verwaltung in Nordborneo ein sehr aufwendiges Unternehmen, das mit einem völligen Fehlschlag endete: Der Flugzeugträger *Bulwark*, Hubschrauber und Landungsfahrzeuge wurden in großer Zahl eingesetzt, um die Piraten in ihren Schlupfwinkeln aufzustöbern. Aber sie sind in ihren Gewässern den Marinen Englands, Chinas, Indonesiens und der Philippinen überlegen. Sie sind kaum zu fassen, selbst wenn ab und zu einer in den Netzen der Verfolger hängenbleibt und in den Gefängnissen von Manila, Djakarta oder Sandakan landet. Die malaiischen Piraten leben in kleinen Gruppen auf Hunderten von Inseln verstreut, in Felshöhlen, in Küstendörfern, die zwischen Mangrovenwäldern und Palmenhainen versteckt liegen. Eine Mauer des Schweigens umgibt sie, errichtet von den kleinen Fischern und Händlern, von denen sie unter Androhung schwerer Repressalien Tributzahlungen verlangen. Sie sind mit modernen Waffen und Motorbooten ausgerüstet und gehorchen Männern, deren Macht unangefochten ist, wie den Filipinos der Sulu-Inseln Abdul Kalil, Hadschi Hamid, Hadschi Sugala, Tai-Tschi oder dem Siamesen Kamaruddin. In ihren Händen liegt fast der gesamte Schmuggelhandel mit Zigaretten, Gewürzen, japanischen Transistorradios und chinesischen Seidenstoffen. An der Westküste der Halbinsel Malakka herrscht Tan Kuangseah, den bisher niemand fassen konnte und dessen Schnellboot schneller ist als die Boote der Wasserpolizei. Bei einer Aktion der malaiischen Bundesregierung wurden 1970 seine beiden Komplizen Pu Ah-soo und Lau Bing-Thong gefangengenommen. Der „König der Piraten" selbst aber ist auf freiem Fuß. Auf Borneo und Celebes sind die kommunistischen Regierungen und die Piraten sogar ein Bündnis eingegangen und bekämpfen gemeinsam das seit 1965 herrschende Militärregime von Djakarta.

Gegenüber: Malaie von den Sulu-Inseln. Dort leben die Moros, die letzten philippinischen Piraten, die dem Islam anhängen. Die geographische Lage der fünfhundert großen und kleinen Inseln, zwischen denen sie unbeobachtet hin- und herfahren können, begünstigt ihre Unternehmungen. Oben: Philippinischer Küstenort, ein idealer Schlupfwinkel für Piraten. Unten: Malaiische Pirogen.

Luftpiraterie

Oben: Die Trümmer einer DC 10 von der BOAC auf dem Flugplatz Zarka in der syrischen Wüste, nachdem Mitglieder des Fedajin sie in die Luft gesprengt haben. Das geschah im September 1970, in dem Jahr, als die Palästinensische Befreiungsfront im Verlauf von nur wenigen Tagen vier Flugzeuge entführte. Außerdem gab es zahlreiche Sprengstoffanschläge auf den Flughäfen – das ist eine andere verheerende Form der Luftpiraterie. Einer dieser Anschläge wurde von drei Japanern durchgeführt, die für die Araber auf dem Flugplatz Lydda (Tel Aviv) ein Blutbad anrichteten.

In den letzten Jahren hat sich eine neue Form von Piraterie entwickelt, die die ganze Welt in Atem hält: die Luftpiraterie. Schon 1942 gab es einen Fall von Flugzeugentführung. Vier alliierte Kriegsgefangene, die unter Bewachung in einem italienischen Wasserflugzeug von Griechenland nach Tarent geflogen wurden, zwangen den Piloten mit der Waffe in der Hand, Kurs auf Malta zu nehmen.

Die in der letzten Zeit sehr häufigen Flugzeugentführungen sind fast immer politische Aktionen. Die Luftpiraten bringen eine Maschine in ihre Gewalt, um damit folgende Ziele zu erreichen: entweder wollen sie ihr Heimatland verlassen, weil sie mit den politischen Verhältnissen nicht einverstanden sind, oder sie wollen von der Regierung ihres Landes die Freilassung von gleichgesinnten politischen Häftlingen erzwingen, oder aber sie wollen die Auslieferung

Unten: Auf dem Flughafen Fiumicino von Rom verübten 1973 arabische Luftpiraten einen Anschlag auf diese Pan-Am-Maschine: 31 Passagiere kamen ums Leben. Im Oktober 1972 brachten die Palästinenser in Beirut eine Maschine der Lufthansa in ihre Gewalt und zwangen die deutsche Bundesregierung, drei Terroristen freizulassen, die kurz zuvor während der Olympiade in München festgenommen worden waren: Im September hatten arabische Terroristen israelische Geiseln aus dem Olympiadorf entführen wollen. Als auf dem Flughafen alle Verhandlungen fehlschlugen, kam es zu einem grausamen Blutbad – 11 Geiseln, 5 Terroristen und 1 Polizeibeamter wurden getötet.
Oben: Zwei Flugzeugentführer halten neun Stunden hindurch eine Boeing 707 mit 77 Passagieren und sechs Besatzungsmitgliedern in ihrer Gewalt. Die Geiselnehmer forderten nach Kuba geflogen zu werden, weil sie die Vereinigten Staaten verlassen wollten. Da sich diese Piratenakte wiederholen, haben die verschiedenen Länder Vereinbarungen getroffen, um der Flugzeugentführung Herr zu werden und den Schutz von Besatzung und Passagieren zu sichern. 1970 wurde die „Konvention von Den Haag" und 1971 die „Konvention von Montreal" verabschiedet.

von Politikern erpressen, die der anderen Seite angehören. In allen diesen Fällen liegt die Macht der Luftpiraten darin, daß sie das Leben der Passagiere an Bord einer gekaperten Maschine in der Hand haben. Wenn die Regierung ihre Forderungen ablehnt, drohen sie, zu schießen oder ihre Geiseln zu töten. Oft werden solche Aktionen in Ländern durchgeführt, die nicht direkt von den politischen Zielen der Rebellen betroffen sind. Die Piraten kalkulieren dabei ein, daß die internationale Öffentlichkeit sich mit den Geiseln solidarisiert und daß die betroffenen Regierungen menschliches Leben so hoch einschätzen, daß sie die Forderungen erfüllen. Manchmal gelingt es den betroffenen Regierungen, Flugzeugentführungen mit Diplomatie und Kompromissen zu lösen, aber die Fälle, bei denen es auf beiden Seiten Tote gegeben hat, sind sehr häufig. Besonderes Aufsehen erregte das geglückte israelische Kommandounternehmen im Einsatz gegen palästinensische Luftpiraten auf dem Flughafen Entebbe in Uganda im Sommer 1976. Es gelang den Israelis, auf dem Luftwege und unter Umgehung von Radar- und Wachsystemen bis zu der entführten Maschine vorzudringen und die Geiseln zu befreien.

Die Piraten
leben weiter

Diese Stiche aus dem 19. Jahrhundert stellen typische Gestalten aus der Welt der Seeräuberei dar. Von links nach rechts: Seemann auf einer Galeere – im Unterschied zu Sklaven und Ruderern trägt er keine Ketten. Pirat aus Algier. Farbige Sklavin aus Algier in der Kleidung der Hausmädchen. Schmuggler aus Cornwall. Die beiden ersten Stiche zeigen die eigentlichen Helden unseres Buches. Der dritte erinnert an die Masse der Unglücklichen, die für die Seeräuber

Wie bereits in der Einleitung zu unserem Buch gesagt, ist es sehr schwer, den Begriff Piraterie eindeutig zu definieren. In der Genfer „Konvention über das offene Meer" von 1958 wird Piraterie festgelegt als Gewaltakte, die „zu privaten Zwecken von privaten Schiffen" ausgeführt werden. Aber gibt es denn heute überhaupt noch Seeräuber? Noch 1968 zum Beispiel machte das in Hamburg gemeldete Motorschiff *Seefalke* Schlagzeilen in der schwedischen Presse, als die dreiköpfige Besatzung auf einer ihrer „Stehlfahrten" den Ausflugsdampfer *Prinzessin Regina* ausraubte und für 50 000 Kronen Wertsachen erbeutete. Piraten gibt es also auch heute noch, wenn auch nur

noch selten über sie zu berichten ist. Die große Zeit des Seeraubs ist seit etwa 100 Jahren vorbei.

In den letzten Jahren allerdings hat eine neue Form der Piraterie die Welt in Angst und Schrecken versetzt: die Luftpiraterie, die das Thema des vorigen Kapitels ist. Auch eine Art von Piraterie sind heute die Piratensender, die von außerhalb des Staatsgebiets Programme senden und damit das Monopol der Rundfunk- und Fernsehgesellschaften umgehen.

Wenden wir uns aber wieder unserer Geschichte der Piraten zu: Viele Geschichtsschreiber und Schriftsteller haben dazu beigetragen, die Welt der Piraten lebendig zu halten. Ohne ihre

118

Schiava (Fantesca) in Algeri

Smoglent

die gewinnbringendste Handelsware waren. Der vierte übt eine Tätigkeit aus, die eng mit der Piraterie verbunden ist. Denn eigentlich beginnt die große Zeit der Bukanier und Flibustier des karibischen Meeres mit dem Schmuggel und der Auflehnung gegen den Anspruch der Spanier auf das Handelsmonopol in diesen Gewässern. Das gleiche gilt für England im Hinblick auf den Handel in den Meeren Amerikas und Ostasiens.

geduldige und gewissenhafte Forscher- und Gedankenarbeit wäre die Arbeit vieler Erzähler, Maler, Filmemacher und Zeichner nichts weiter als ein Ausflug ins Reich der Phantasie. Während die Historiker uns einen Einblick in die rauhe Wirklichkeit der Piratenwelt verschaffen, umkleiden die Künstler die historischen Tatsachen mit farbigen Pinselstrichen und romantischen Texten und verschaffen uns Zugang zu einer Welt, die uns zum Träumen reizt. Alle Künste haben sich von der Piraterie anregen lassen. Sie haben sich auch manche Freiheiten herausgenommen, die teils die historische Wahrheit verzerren, teils aber auch dazu beigetragen haben, das Bild des Piraten zu

vervollständigen. So haben die Schriftsteller es Millionen Lesern ermöglicht, die Abenteuer von Henry Morgan, Käpt'n Blood, William Kidd, Blackbeard und vielen anderen Piraten mitzuerleben. Sie schufen eine Seeräuberromantik, die viele von Abenteuer und Freiheit träumen läßt, wenn auch dazu kein Grund besteht, denn die Piraterie war zu allen Zeiten eine Geißel der Menschheit. Zu den größten Autoren gehören Walter Scott, Daniel Defoe, Robert Louis Stevenson, Jack London, James Cooper und Emilio Salgari. Es gibt sogar Opern, die Themen aus der Welt der Piraten verarbeiten. So hat der Komponist Bellini eine Oper „Der Pirat" geschrieben – vom Meer will sein Held allerdings nichts wissen – und Verdi eine Oper „Der Korsar". Von den vielen Malern, die sich mit diesem Thema beschäftigt haben, ist der berühmteste der Amerikaner Howard Pyle (1853–1911), von dem auch in diesem Buch einige Illustrationen abgebildet sind.

Piraten zwischen Kitsch, Reklame und Glorie

Nicht nur die Schönen Künste haben die Piraterie oft zum Thema – Piratenmotive umgeben uns in tausend verschiedenen Formen: Briefmarken, Waffen, Schiffsmodelle, Puppen, Autoaufkleber und vieles mehr.

Bei den großen Karnevalsumzügen von Rio de Janeiro, Viareggio und von New York gibt es immer einen Wagen mit Seeräubern oder Freibeutern, die an den typischen Merkmalen leicht zu erkennen sind: der Bukanier mit seiner schwarzen Augenbinde, mit dem Greifhaken anstelle einer Hand und dem Holzbein; aber auch der schöne, flotte Korsar, ganz in Spitzen, die Reiherfedern auf dem Hut, Kanonenstiefel mit Kniestulpe und Degen mit reich verziertem Griff dürfen nicht fehlen. Die Piraten spielen auch eine Rolle in der Werbung für zahllose Produkte, von der Herrenmode über Alkoholika bis zur Zigarettenreklame. Viele Kneipen und Restaurants in der ganzen Welt tragen Wirtshausschilder mit Piratenmotiven, und manchmal sind sie sogar wie Piratenschiffe eingerichtet.

Man hat Hunderte von Piratenfilmen gedreht, darunter „Der Schwarze Korsar" mit Douglas Fairbanks (1926), „Captain Blood" (deutsch: „Unter der Piratenflagge") mit Errol Flynn (1935) und der Walt-Disney-Film „Schatzinsel" mit Robert Newton als Long Silver (1950). „Der Schwarze Korsar" nach dem Roman von Emilio Salgari wurde 1936 noch einmal und 1977 zum dritten Mal verfilmt.

Viele Balladen, Lieder und volkstümliche Gedichte handeln von Seeräubertaten oder erzählen das Leben einzelner großer Piraten. Das gilt besonders für die Mittelmeerländer. Da geht es im allgemeinen um Liebesgeschichten, in denen ein Seeräuber die Hauptrolle spielt. Mal ist ein

Briefmarkenserie, die in neuerer Zeit von der Sowjetunion herausgegeben wurde und der Geschichte der Seefahrt gewidmet ist. Briefmarken haben dazu beigetragen, die Kenntnisse über Seefahrt und natürlich auch über Piraterie zu verbreiten. Einige Staaten, wie zum Beispiel Haiti und Madagaskar, haben Serien herausgegeben, die den Seeräubern und den Freibeutern gewidmet sind. Die hier abgebildeten Briefmarken zeigen verschiedene Schiffstypen aus der Geschichte der Piraten. Ein großer Markt für Piratenmotive sind die Etiketten für Alkohol, der in Piratengeschichten ja nie fehlt. Piratenmotive sind auch auf Spielkarten zu sehen und schmücken die Wirtshausschilder von Kneipen und Restaurants in der ganzen Welt, insbesondere dort, wo Fischspezialitäten serviert werden.

Zwei Szenen aus dem Film „Der Schwarze Korsar", der nach einem Abenteuerroman von Emilio Salgari gedreht wurde. „Der Schwarze Korsar" ist eine Gestalt, die in vielen Piratenromanen vorkommt. Und es gibt sogar Leute, die behaupten, daß es sie wirklich gegeben habe. Auch der Roman „Die Schatzinsel" spielt unter Piraten. Dieses Buch ist so beliebt, daß es immer wieder verfilmt wurde. Besonders berühmt wurde die Walt-Disney-Verfilmung mit Robert Newton als Long Silver. Der Roman von Daniel Defoe „Robinson Crusoe" geht auf ein tatsächliches Geschehnis zurück: Ein Pirat wurde von seinen Gefährten auf einer einsamen Insel ausgesetzt. Aber er war mutig und einfallsreich und schaffte es, ganz auf sich selbst gestellt, zu überleben. Auch Edward England, der berühmte Pirat von Madagaskar, wurde von seinen Gefährten auf der Insel Mauritius ausgesetzt. Das war bei den Piraten eine sehr üble Methode, sich eines Kumpanen zu entledigen. Streit, Eifersucht, Beutelust – das waren die Gründe, warum Seeräuber ihre Gefährten auf einer einsamen Insel ihrem Schicksal überließen.

Barbareske in ein Mädchen verliebt, das Sklavin werden soll, und kauft es frei. Dann wieder ist es der flotte Korsar, der ausgerechnet die Tochter des verhaßten Gouverneurs einer Stadt liebt, die gerade belagert oder angegriffen werden soll. Von William Kidd und Käpt'n Blackbeard wird erzählt, daß sie an einem geheimen Ort Schätze vergraben hätten. Am sichersten ruhen aber die Schätze, die auf dem Meeresgrund liegen. Tausende von Schiffen, die alle zumindest etwas Gold an Bord versteckt hatten, sind gesunken. Ein deutscher Wissenschaftler hat eine Liste von vierhundertdreiundsiebzig Schiffen mit kostbarer Ladung an Bord aufgestellt, die untergegangen sind. An erster Stelle stehen dabei natürlich die spanischen Galeonen, die die Schätze der Inkas nach Spanien bringen sollten. Sie alle liegen, von Algen und Muscheln zugedeckt, auf dem Meeresgrund der Karibik.

Index

Namen- und Sachregister
Die *kursiven* Zahlen verweisen auf die Bilderklärungen

Bildnachweis

o = oben, u = unten, M = Mitte, r = rechts, l = links
American Heritage, New York 82–83; Amplicaciones Y Reproduccio-
nes MAS, Barcelona (Nationalbibliothek, Madrid) 54–55; F. Arborio
Mella, Mailand 10 u, 34 o (Staatsarchiv, Hamburg), 36 u, 37 u, 40 r
(Biblioteca Escorial, Madrid), 33 u (Bürgerbibliothek, Bern), (Costa)
16–17, 30–31 u, 36 o, 36–37, 37 o, 53 u, 60 r, 65, 66, 77, 94 r, 95, 96,
97, 101, 104, 106, 107, 109, 110 r, 113 o, 118, 119; Archivio
Mondadori, Mailand, 44, 52, 53 o, 60 l, 61, 62, 66–67, 72, 76 u, 79 o, 86,
100, 110 l, 112, (Bygday Museum, Gokstad) 24 u, (National Maritime
Museum, Greenwich) 42–43, 60–61, 84, 85 l, (Saporetti) 22; G. B.
Bertelli, Brescia 12–13; Biblioteca Marciana, Venedig 28–29; National-
bibliothek Madrid 32; Nationalbibliothek Paris 49 u; Bildarchiv Foto
Marburg 45 o; F. Carrese, Mailand (Claus Fischer) 49 o; C. Colombi,
Brescia 15; L. Corbella, Mailand 13, 20, 35 o, 41 u, 56, 57 o, 58–59,
69 u, 76 u, 91; Delaware Art Museum Wilmington, Delaware (Samm-
lung Howard Pyle) 71, 73, 74–75, 87; Farabola, Mailand 116, 116–117,
117; Fiore, Turin 48; Fitzwilliam Museum, Cambridge 38–39; F.
Ghiringhelli, Mailand 11 o, 14, 16, 18, 31, 33 o, 35 u, 79 u, 80, 85 r;
Giraudon, Paris (Louvre) 39; Familie Hayashi 69 o; Edition Robert
Laffont, Paris (Kunstsammlungen Veste, Coburg) 45 u; Librairie Ha-
chette, Paris 54; Magnum, Mailand (E. Lessing) 10 o, 17; Marka,
Mailand 78 o, (De Cesare) 34 u, 46, 98; V. Melegari, Mailand 26; C.
Moesner, München (Staatliche Antikensammlung und Glyptothek,
München) 8 o; Tom Molland, Plymouth 63 u; Musée Guimet, Paris 68;
Civico Museo Navale di Villa Doria, Genua Pegli 81, 94 l; National
Maritime Museum, Greenwich 64, 105, 113 u, Pierpont Morgan Library
24 o, 25; A. Panicucci, Mailand 93 u; G. B. Pinaider, Florenz (Biblioteca
Laurenziana, Florenz) 55; M. Pucciarelli, Rom 7, 8 u, 11 u, 21, 23, 28,
29, 38, 40 l, 41 o, 46–47, 57 u, 63 o, 70, 88, 89, 90, 98–99, 102–103,
108–109; F. Quilici, Rom 30–31 o; G. Renna, Mailand 22–23, 26–27,
50–51, 72–73, 88–89; L. Ricciarini, Mailand (Leigheb) 114, 115;
Roma's Press Photo, Rom 121; Scala, Florenz 12; A. Scarnati, Paris 67;
Sergio, Mailand 9, 19; C. Sheppard, London (London Museum, London)
111; UTET, Turin 92; Zentralbibliothek, Luzern 93 o; Umschlag
Delaware, Art Museum Wilmington, Delaware (Sammlung Howard
Pyle); Vorsatzblätter Gianni Renna, Mailand.
Die Briefmarken konnten mit der freundlichen Genehmigung der Bolaffi
Editore, Turin, gedruckt werden.

Drake